천자문일기

無一 우학 큰스님의

千字文日記

도서출판 좋은인연

千字文 日記를 내면서

여기 '천자문 일기' 는 말 그대로 천자문 내용을 따라서 일기를 쓴 것입니다.

본 저자가 천자문과 인연이 된 것은 소싯적에 붓글씨를 배우면서부터입니다. 그로부터 많은 세월이 흘러, 한국불교대학 大관음사를 창건하고 '어린이 한문 교실' 을 운영하면서 천자문을 가르친 적이 있습니다. 최근에는 경전을 초서로 사경해야겠다는 마음을 먹고, 천 일 동안 무문관에 있으면서 초서 사경의 사전 공부로 천자문을 샅샅이 살펴보았습니다. 한편, 이 무문관 일기의 끝 무렵인 요즘에는 '불교적 강의-천자문' 이란 과목으로 전 신도를 상대로 특강하고 있습니다.

천자문을 볼 때마다 매번 느끼지만, 천자문은 인문교양의 기초서적으로 이만한 책이 없습니다. 특히, 한문 실력이 절대적으로 부족한 현대인들에게는 더욱 필요하고 소중한 책이 천자문이라고 보여집니다.

천자문은 애초에, 불심 천자(佛心 天子)라고 일컬어지는 양무제(梁武帝)의 명령에 의해 그 신하이자 대학자인 주흥사(周興

嗣)가 단 하룻밤 사이에 글을 썼다는 말이 있습니다. 얼마나 집중해서 글을 썼던지 머리가 하얗게 세어버려 백수문(白首文)이란 별제(別題)도 가지고 있습니다.

한편, 지금 우리들이 많이 접하고 있는 천자문은 조선시대 명필인 한호(韓濩), 즉 한석봉(韓石峯)에 의해 1583년 간행된 석봉천자문입니다.

아무튼, 독자 여러분께서는 이 천자문 일기를 통해서, 필자가 바쁘게 왕래하는 무문관과 大관음사의 은은한 향기를 맡아보시길 바랍니다. 그리고 수행자가 바라보는 세간적 관찰도 음미해 보시면서 옛날의 일과 오늘의 일이 어떻게 다른지도 재미있게 느끼시길 기대합니다.

모두 모두 행복하십시오.

관세음보살.

무문관과 大관음사를 종횡무진하며

無一 우학 합장

과실은 오얏과 능금을 보배로 하고 채소는 겨자와 생강을 거듭중

果珍李柰 菜重芥薑

稱

구슬이라면 야광을 일컫는다.

珠稱夜光

rì yuè

日 月

날일 달월

해는 남중하면 달은 찼다가

日月盈昃

liè zhāng

列 張

rùn yú chéng suì

閏 餘 成 歲

윤달은 남은 날로 해를 이루며

天 地 玄 黃 宇 宙 洪 荒

하늘천 따지 검을현 누루황 집우 집주 넓을홍 거칠황

하늘은 까마득하고 땅은 누르도다

공간은 넓고 시간은 아득하다.

玄地玄黃 宇宙洪荒

玄地玄黃 宇宙洪荒

zè 昃

chén xiù liè zhāng

辰 宿 列 張

별진 별자리수 벌일렬 베풀장

수많은 별들은 펼쳐져 있다

辰宿列張

jīn shēng

金 生 麗

쇠금 날생

금은 여수에서 나

金生麗

金生麗

lǚ tiáo yáng

呂 調 陽

법칙여 고를조 볕양

음률여 조절조 해 양

양의 기운을 조

021 | 天地玄黃(천지현황) 宇宙洪荒(우주홍황)

022 | 日月盈昃(일월영측) 辰宿列張(진수렬장)

023 | 寒來暑往(한래서왕) 秋收冬藏(추수동장)

024 | 閏餘成歲(윤여성세) 律呂調陽(율려조양)

025 | 雲騰致雨(운등치우) 露結爲霜(로결위상)

026 | 金生麗水(금생려수) 玉出崑岡(옥출곤강)

027 | 劍號巨闕(검호거궐) 珠稱夜光(주칭야광)

028 | 果珍李柰(과진리내) 菜重芥薑(채중개강)

029 | 海鹹河淡(해함하담) 鱗潛羽翔(린잠우상)

030 | 龍師火帝(용사화제) 鳥官人皇(조관인황)

032 | 始制文字(시제문자) 乃服衣裳(내복의상)

034 | 推位讓國(추위양국) 有虞陶唐(유우도당)

036 | 弔民伐罪(조민벌죄) 周發殷湯(주발은탕)

037 | 坐朝問道(좌조문도) 垂拱平章(수공평장)

038 | 愛育黎首(애육여수) 臣伏戎羌(신복융강)

039 | 遐邇壹體(하이일체) 率賓歸王(솔빈귀왕)

天	地	玄	黃	宇	宙	洪	荒
하늘 천	땅 지	검을 현 까마득할 현	누를 황	집 우 공간 우	집 주 시간 주	넓을 홍	거칠 황 아득할 황

無一 번역 (천지현황) 하늘은 까마득하고 땅은 누르며,
(우주홍황) 공간은 넓고 시간은 아득하다.

千字文 因緣日記

2016. 11. 3. 목요일 맑음

문도 없는 방 한가운데 노란 장판 땅 위를 개미 한 마리 긴다. 가다가 멈칫 거리며 고개를 들지만 하늘은 까마득하다. 개척해야 할 공간은 참으로 넓고 정처없이 가야할 시간은 아득하다.

휘적휘적 혼자 걷는 연대산의 솔가리는 누렇게 밟히고 적송 사이의 하늘 높이는 끝 간 데 없이 짙푸르다. 무일봉 올라서니 사방천지 넓고, 내가 걸어온 시간만큼 걸어가야 할 시간 또한 아득하다. 내가 우주의 한 가운데요, 천지가 다 나의 인생무대이다.

日	月	盈	昃	辰	宿	列	張
날 일	달 월	찰 영	기울 측	별 진 새벽 신	잘 숙 별자리 수	벌일 렬 줄 렬	베풀 장 벌일 장

無一 번역 (일월영측) 해는 남중하였다가 기울어지고 달은 찼다가 이지러지며, (진수렬장) 수많은 별들은 펼쳐져 있다.

千字文 因緣日記

2016. 11. 4. 금요일 맑음

아침, 포행장을 거니는데 강아지풀 더미 위에 갸날픈 나팔꽃 봉오리 하나가 얹혀 있다. 4m 나무 울타리 담을 겨우 넘어온 정오 쯤의 햇볕이, 불과 이십 분 정도 나팔꽃 봉오리를 따뜻하게 적신다.

밤이 되니, 음력 초순이라 달은 보이지 않고 수많은 별들이 깜깜한 하늘을 반짝반짝 장엄하고 있다.

최근, 박근혜 대통령의 국민 지지율이 5%라 하니, 해 기울어지고 달 이지러진 형국이다. 암군(暗君)이 거느리는 깜깜한 세상에, 수십만의 별들이 촛불이 되어 땅에 내려 앉아 반짝인다.

寒	來	暑	往	秋	收	冬	藏
찰 한 쓸쓸할 한	올 래	더울 서	갈 왕 옛 왕	가을 추	거둘 수 모을 수	겨울 동	감출 장 저장 장

無一 번역 (한래서왕) 추위가 오면 더위가 가며,
(추수동장) 가을에는 거두어들이고 겨울에는 저장한다.

千字文 因緣日記

2016. 11. 5. 토요일 맑음

벌써, 조석으로 냉기가 돈다. 다 벗고 지내던 여름은 간 곳 없고 내복을 꺼내 입은 지 여러 날 되었다. 무문관 찰견대 위에 올라서서 앞 들판을 살피니 벼를 수확하는 농부들의 기계 놀림이 바쁘다.

나는 정진 중간에 포행마당을 돌다가, 얼마 전에 받아 둔 나팔꽃 씨가 좀 부족하다 싶어, 다시 수십 개 열매를 내년 봄 씨앗 목적으로 보충해서 갈무리 하였다.

오늘 큰절 제92기의 신도님들이 수행의 열매를 거두어들일 명상힐링캠프에 참석하였는데, 행사에 동참하는 신심을 보니 다음 생을 위해서라도 알찬 저장을 하고 있다.

閏	餘	成	歲	律	呂	調	陽
윤달 윤	남을 여 나머지 여	이룰 성 될 성	해 세 나이 세	법칙 률 풍류 율	법칙 여 음률 여	고를 조 조절 조	볕 양 해 양

無一 번역 (윤여성세) 윤달은 남은 날로 해를 이루며
(율여조양) 법칙이 양의 기운을 조절한다.

千字文 因緣日記

2016. 11. 6. 일요일 비

출판사에서 인편으로 내년도 달력 시안을 보내왔다. 얼른 보니 윤5월이 들어있다.

3-4년마다 돌아오는 윤달이 얼마나 빨리 닥치는지, 매년 윤달이 있는 것만 같다. 남은 날이 모여 해를 이루듯 즉시에 까먹고도 남은 적선의 흔적이 조금씩이라도 남아 예수재의 그 바램처럼 다음생에는 좀 더 자유로운 부처가 되었으면 좋겠다.

자유로운 부처를 희망하는 비구가 건립한 무문관에 비구니 스님과 우바이 신도가 함께 정진하니 음, 양의 조화로운 기운이 더욱 공부를 돕는다.

雲	騰	致	雨	露	結	爲	霜
구름 운	오를 등	이를 치	비 우	이슬 로	맺을 결	할 위 될 위	서리 상

無一 번역 (운등치우) 구름이 올라 비에 이르고,
(로결위상) 이슬이 맺히다가 서리가 된다.

千字文 因緣日記

2016. 11. 7. 월요일 맑음, 흐림

무문관 찰견대에서 바라보는 연대산 걸친 구름이 참 장관이다. 좀 있으면, 연대산 산기슭 억새밭에 억새 머리보다 더 하얀 서리가 내릴 것이다.
입학한 지 17년 된 대구 큰절 제46기 보광회의 법우들이 명상힐링캠프에 왔는데, 연세들이 다 만만치 않다. 차를 마시는 중에 느낀 것은 우리 한국불교대학 大관음사의 성숙함만큼 개개인의 마음공부들이 연세보다 더 푹 익었다는 사실이다. 그간 묵은 세월과 함께, 중생들을 위한 보배비가 되고 정법도량을 지키는 서리기운의 신장이 되었다.

金	生	麗	水	玉	出	崑	岡
쇠 금	날 생	고울 려	물 수	구슬 옥	날 출	산이름 곤 뫼 곤	언덕 강 뫼 강

無一 번역 (금생려수) 금은 여수에서 나고
(옥출곤강) 옥은 곤륜산에서 난다.

千字文 因緣日記

2016. 11. 8. 화요일 흐림

금과 옥은 금과옥조(金科玉條)라는 사자성어에서 보여지듯이, 보석 중의 보석이다. 그런데 금과 옥은 나는 데서만 난다. 아무 데서나 나오지 않기 때문에 귀하고 특별난 것이다. 오늘 대구큰절 참선반에서 버스 한 대로 다녀갔는데, 열심히 정진하는 것 같아서 흐뭇하였다. 수행에는 많은 방편과 방법이 있겠지만, 이 참선이야말로 아주 중요하다. 참선이 곧 금이자 옥이요, 금, 옥의 최고 도인을 배출하는 문이 참선이다.

劍	號	巨	闕	珠	稱	夜	光
칼 검	이름 호 이를 호	클 거 어찌 거	집 궐 대궐 궐	구슬 주	일컫을 칭 저울 칭	밤 야	빛 광

無一 (검호거궐) 검이라면 거궐을 이르고
번역 (주칭야광) 구슬이라면 야광을 일컫는다.

千字文 因緣日記

2016. 11. 9. 수요일 맑음

천자문에서는 최고의 검을 거궐이라 하였지만, 우리 불가(佛家)에서의 최고의 검은 취모리검(吹毛利劍)이다. 취모리검은 무명(無明)의 머리카락을 잘라내는 지혜의 칼이다. 취모리라야 번뇌 망상을 단칼에 자를 수 있다.

한국불교대학에 들어온 지 20년 되는 제22기 홍련회가 1박 2일 명상힐링캠프에 참여하였다. 차담 시간에 이야기를 나눠보니 이미, 개개인이 각자의 취모리검을 가지고 있다. 수십 년 수행의 결과다.

한편, 구슬이라면 야광을 일컫는다고 천자문에서 말하는데, 진정한 구슬은 심주(心珠), 즉 마음의 구슬이다. 왜냐하면 마음에서 나오는 빛이야말로 세상을 두루 비추기 때문이다. 홍련회 신도님의 면면에서 야광보다 더한 심광(心光)을 보겠다.

果	珍	李	柰	菜	重	芥	薑
과실 과 과연 과	보배 진 귀중할 진	오얏 리 성 이	능금 내 어찌 나	나물 채 캘 채	무거울 중 중요할 중	겨자 개 티끌 개	생강 강

無一 (과진리내) 과실은 오얏과 능금을 보배로 하고
번역 (채중개강) 채소는 겨자와 생강을 중요하게 친다.

千字文 因緣日記

2016. 11. 10. 목요일 흐림, 비

5, 6년 전에 여러 종류의 유실수를 많이 심었더니 올해는 제법 수확도 하게 되었다. 물론, 오얏과 능금도 있었다. 실능금은 아직도 나무에 대롱대롱 매달려 있는데, 내가 가르치는 6감(六感)명상 중 맛(味)명상 소재로 그저 그만이다. 실능금이 세계명상센터에서 보배 짓을 하고 있다.

한편, 천자문에서 채소는 겨자와 생강을 중요하게 친다고 하였는데, 이곳 무문관 선방에 가끔, 절인 생강과 조각 생강이 대중공양으로 들어온다. 시주하신 신도님께 늘 감사드리는 마음이다. 오늘 아침에도 조각 생강을 서너 개 집어 먹었다. 부언하면, 꼭 생강은 아니지만 이곳 연대산은 생강나무가 일품이다. 지난 봄에는 꽃과 새순으로 차를 만들기도 하였는데, 지금은 노랗게 물든 잎사귀가 황금보다 더한 빛을 발하고 있다.

海	鹹	河	淡	鱗	潛	羽	翔
바다 해	짤 함	물 하 강물 하	맑을 담 싱거울 담	비늘 린 물고기 린	잠길 잠 숨을 잠	깃 우 새 우	나를 상 날개 상

無一 번역
(해함하담) 바닷물은 짜고 강물은 싱거우며,
(린잠우상) 물고기는 물속에 잠겨 있고 새는 하늘을 난다.

千字文 因緣日記

2016. 11. 11. 금요일 맑음

지극히 자연스러운 것이 진리이다. 진리적인 현상은 늘 내 곁에 있으니 이를 잘 감지해서 재미있게 살면 그것이 곧 행복이다.

이곳 감포도량은 행복의 저장 탱크이다. 100m 이하의 암반수는 그 물맛이 달고, 해변힐링마을이 들어설 그 앞바다는 음이온 천지이다. 절 정원의 자혜(慈慧)연못에는 고기들이 한가로이 노닐고 하늘을 나는 새들은 좋은 공기를 맘껏 마시며 자유를 구가한다.

이른 아침, 세계명상센터 공사현장을 둘러보면서 이곳이 명상힐링 하기에는 천혜의 자연환경임을 새삼 느낀다.

龍	師	火	帝	鳥	官	人	皇
용 용	스승 사	불 화	임금 제 제석천 제	새 조	벼슬 관	사람 인	임금 황

無一 번역
(용사화제) 용사(복희씨)와 화제(신농씨),
(조관인황) 조관(소호)과 인황이라.

千字文 因緣日記

2016. 11. 12. 토요일 맑음

삼황오제(三皇五帝)는 비록 전설 속의 인물이지만 이상적인 제왕의 표상으로 사람들에게 각인되어 있다.

각인(刻印)!

참 무서운 말이다.

오늘 대한민국 서울에서는 무능과 부패로 상징되는 박근혜 정권을 타도하자는 100만 명 촛불 집회가 있었다. 이렇게 규모가 크기로는 한반도에 사람이 살기 시작한 이래 초유의 일이라고 언론들은 전한다. 나라 임금이 덕(德)이 있고 능력이 있으면 백성들에게 평화와 행복을 주지만, 그렇지 못하면 작금의 우리나라 현상처럼 백성의 심성(心性)은 피폐해지고 삶은 불행해질 수밖에 없다.

대한민국 제18대 대통령 박근혜는 좀 심하다. 참으로, 시원찮은 리더는 경쟁자보다 더 무섭다는 사실을 똑똑히 목도하고 있다. 박근혜 대통령은 어둡고 어리석은 군주, 즉 암군(暗君)으로 각인되고 있다.

始	制	文	字	乃	服	衣	裳
비로소 시	지을 제	글월 문	글자 자	이에 내 곧 내	옷 복 입을 복	옷 의	치마 상

無一 번역
(시제문자) 비로소 문자를 만들고
(내복의상) 처음으로 의상을 입게 하였다.

千字文 因緣日記

2016. 11. 13. 일요일 흐림

문자는 참으로 중요하다. 포교에 있어서도 문자만큼 빠르고 효과적인 것이 없다. 문자 포교라는 말을 써도 무리하지 않다. 나는 전셋집의 大관음사를 열고 곧바로 출판사를 장만했다. 도서출판 좋은인연은 우리절의 역사와 함께 한다. 발간한 책의 종류도 많아져서 책 창고가 비좁아 문제가 되기도 한다. 하지만, 책은 아무리 많아도 많다고 할 수 없다. 지금껏 내가 낸 책이 200여권에 이르지만 아직도 새로 낼 책이 수십 권이나 대기하고 있다. 오늘 연대산 법회에 온 분들에게도 책 한 권씩 선물하니 다들 좋아한다. 요즘은 SNS를 통한 문자 포교에도 전심전력하고 있다.

금일 천자문 본문에서, 두 번째 얘기로 옷을 얘기하고 있다. 뜻있는 사람들이 한국불교대학 大관음사의 사찰복을 고민해 왔으나 아직도 결론을 내지 못하고 있다. 지난 번 전체 임원진 회의에서 논의되었으니 조만간 결정될 것 같다.

推	位	讓	國	有	虞	陶	唐
밀 추	자리 위 벼슬 위	사양할 양 겸손할 양	나라 국	있을 유	나라 우 헤아릴 우	질그릇 도	당나라 당

無一 번역 (추위양국) 왕위를 물려주고 나라를 양보한 이는
(유우도당) 유우(순 임금)와 도당(요 임금)이다.

千字文 因緣日記

2016. 11. 14. 월요일 흐림

우리절의 어린이집이 불미스러운 일로 좀 시끄럽다. 참좋은어린이집은 무일복지재단의 산하기관으로서 주민들에게 인기가 있는 것도 사실이나 내면적으로는 늘 문제가 있어왔다. 그런데, 이번에는 지방 방송을 타는 일까지 생겼다. 담당 교사들이 정확한 보고를 하지 않았다 하지만, 사건을 키운 면도 없지 않다 하지만, 근본적으로는 아이들을 대하는 교사의 기본 자질이 문제이다. 어린이집의 원장이 책임을 지고 물러나는 상황까지 왔다.

여기 천자문에서 말하는 왕위는 해당 영역의 최고 책임자의 자리라고도 볼 수 있으니, 감투를 쓴 사람들이 때를 알고 잘 물러나는 것 또한 순 임금과 요 임금처럼 지혜로운 행동이다.

68년 만의 슈퍼문(super moon)이 구름 사이에서 출몰(出沒)을 거듭하며 쳐다보는 이의 애간장을 태운다. 1박2일 명상힐링캠프에 온 가릉빈가 합창단 단원들이 청량하기 그지없는 이곳 산중에서 언뜻언뜻 슈퍼문을 감상하는 행운을 잡았다. 복 많은 사람들이다.

弔	民	伐	罪	周	發	殷	湯
조상할 조 위로할 조	백성 민	칠 벌	허물 죄	두루 주 나라이름 주	필 발 일어날 발	성할 은 나라 은	끓을 탕 국 탕

無一 번역 (조민벌죄) 백성을 불쌍히 여겨 죄 지은 폭군을 친 이는,
(주발은탕) 주의 무왕인 발과 은의 탕왕이다.

千字文 因緣日記

2016. 11. 15. 화요일 맑음

작금의 우리나라 사정은 아주 어지럽다. 옛날이면 힘 가진 또 다른 이가 나타나 국가를 뒤집어엎을 형국이다. 이제는 시대가 바뀌어 힘 가진 이는 바로 백성이다. 백성들이 주권자이기 때문에 대통령 또한 백성들의 힘으로부터 나온다. 그래서 뽑힌 대통령이라도 그 통치 행위가 여법하지 못하면 백성들은 그 권한을 박탈할 수 있다. 아이 어른 할 것 없이 국민 대다수가 싫다는데도 헌정을 파괴한 대통령이 헌법 수호를 빙자하여 하야를 거부하고 있다. 참으로 국가의 앞날이 걱정이다. 국민이 대통령을 걱정하지 않는 세월이 하루 빨리 와야 하는데…….
아침, 아랫도리 내복을 갈아입으려고 옷을 집었더니 고무줄이 삭아서 느슨해진 채 복원력이 없다. 고무줄을 새로 갈아야 겠다. 10여년 도 넘게 입은 것 같다.

坐	朝	問	道	垂	拱	平	章
앉을 좌	아침 조 조정 조	물을 문	길 도 이치 도	드리울 수	팔짱낄 공	평평할 평 다스릴 평	글 장 밝을 장

無一 번역 (좌조문도) 조정에 앉아 치도(治道)를 물으니,
(수공평장) 옷자락을 드리우고 팔짱을 끼고서도 밝게 다스렸다.

千字文 因緣日記

2016. 11. 16. 수요일 맑음

주인공은 한 발자국도 움직이지 않고 천하를 호령한다. 그 주인공을 찾고, 그 주인공을 단련하기 위하여 무문관이라는 특수 선방이 존재한다. 무문관은 부스럭거리는 소리 하나 나지 않는 곳이다. 하지만 이 속에서 엄청난 역사가 이루어지고 있다.

늦은 밤, 선방 전체를 돌아보다가 그 시간까지 허리 꼿꼿이 세우고 정진하는 한 스님의 그림자를 사진으로 찍게 되었다. 그림자만 보아도 환희심이 솟구친다.

좀 다른 얘기지만, 오늘도 나는 선방에 앉아서 여러 공무를 처리하였다. 꼭 나다니면서, 나부대야 일을 잘하는 것이 아니다. 옷자락을 드리우고 팔짱을 끼고서도 밝게 다스리는 묘한 이치가 있다.

愛	育	黎	首	臣	伏	戎	羌
사랑 애	기를 육 보살필 육	검을 여 동틀 여	머리 수 우두머리 수	신하 신	엎드릴 복 복종할 복	오랑캐 융 되 융	오랑캐 강 되 강

無一 번역 (애육여수) 백성을 사랑으로 보살피니,
(신복융강) 융족과 강족도 신하로 복종하네.

千字文 因緣日記

2016. 11. 17. 목요일 맑음

마음 가운데 사랑, 자비의 마음이 생겨나면 원망, 미움 같은 부정적 마음은 사라진다. 마치 못된 오랑캐가 백기를 들듯이.

9년 전, 감포도량의 마당에 판 두 개의 연못 가운데 하나가 하트 모양을 하고 있다. 하트 모양은 자비를 나타내는데, 이 자비는 불교 정신의 표상이다. 지고지순한 사랑, 즉 이 자비를 자기화 하려면 늘 미소를 띤 부처님을 관해야 한다. 매일처럼, 나는 오늘 저녁 시간에도 108배 절을 하면서 관세음보살의 자비 미소를 관하였다. 융족과 강족의 번뇌 망상은 아예 흔적도 없다.

遐	邇	壹	體	率	賓	歸	王
멀 하	가까울 이	하나 일	몸 체	거느릴 솔 좇을 솔	손님 빈 복종할 빈	돌아갈 귀	임금 왕

無一 번역 (하이일체) 멀리 있거나 가까이 있거나 일체가 되어,
(솔빈귀왕) 거느리고 와서 복종하여 왕에게 귀화한다.

千字文 因緣日記

2016. 11. 18. 금요일 맑음

우리는 모두 진리의 왕이신 부처님께 귀의한다. 법왕(法王)!
중생은 법왕에게 귀의할 수밖에 없다. 법왕의 곁에 있어야 편안하고 행복하기 때문이다.
금일은 감포도량의 김장 담그는 날이다. 큰절 선방후원회 회장단에서 많은 회원을 거느리고 와서 큰일을 치루었다. 물론, 감포도량 몇몇 신도들도 함께 하였다. 멀리 있거나 가까이 있거나 다 일체가 된 하루이다. 거사님을 비롯 몇몇 신도님은 때맞게 잘 익은 구기자 열매를 땄다. 법왕이 흐뭇해 하신 날이다.

鳴	鳳	在	樹	白	駒	食	場
울 명	새 봉	있을 재	나무 수 심을 수	흰 백 아뢸 백	망아지 구	밥 식 먹을 식	마당 장

無一 번역
(명봉재수) 우는 봉황새는 나무에 깃들어 있고,
(백구식장) 흰 망아지는 마당에서 풀을 뜯는다.

千字文 因緣日記

2016. 11. 19. 토요일 맑음

연대산을 오르내린 금일의 주인공은 큰절 제155기 명진회 도반들이다. 지금까지의 단일 팀으로는 가장 많은 32명이 참가하였는데, 세 쌍의 부부 가족이 있었다. 산길에서, 생강나무의 노랑잎을 따면서 힐링하였고 마당에서, 꽃사과의 맛을 보면서 명상하였다. 오늘 연대산은 신심 장한 이들 덕분에 생강나무는 더욱 돋보였고 꽃사과는 더욱 탐스러웠다.

비갠 가을 하늘 아래 맑은 자연과 착한 사람들이 격의 없이 어울렸다.

化	被	草	木	賴	及	萬	方
될 화 덕화 화	입을 피 덮을 피	풀 초	나무 목	힘입을 뢰 믿을 뢰	미칠 급	일만 만 여러 만	모 방 방위 방

無一 번역
(화피초목) 덕화는 초목에도 입혀지고,
(뢰급만방) 힘 입음이 모든 곳에 미친다.

千字文 因緣日記

2016. 11. 20. 일요일 맑음

부처님 덕화는 시간적으로 무한하며 공간적으로 무변하다. 요즘의 연대산은 곱디고운 단풍 옷으로 치장 중이다. 휴일임에도 찾아오는 사람들이 많다. 공동생활가정인 참좋은우리절 아이들 5명이 다녀갔다. 부모와의 인연은 엷으나 부처님과의 인연은 두터워 절에서 살고 있다. 4~5년 기간에 아이들이 많이 컸다. 건강하게 자라고 있으니 고마울 뿐이다. 다 부처님의 덕화이다. 돌보고 있는 두 분 보살님이 아이들에게 잘해 주는 것 같아서 이 또한 고마운 일이다.

蓋	此	身	髮	四	大	五	常
덮을 개 대개 개	이 차	몸 신	터럭 발	넉 사	큰 대	다섯 오	떳떳할 상 항상 상

無一 번역
(개차신발) 대저, 이 몸과 털은
(사대오상) 4가지로 대(大)를 이루고 5가지로 떳떳해진다.

千字文 因緣日記

2016. 11. 21. 월요일 흐림

나이가 들어감에 지(地), 수(水), 화(火), 풍(風)의 4대(四大)의 허약함은 어쩔 수 없다. 별 한 것도 없으면서 며칠 몸살기가 있다.

금일 큰절 제155기 주축의 산행에 82세의 노보살님을 비롯 전원이 동참, 완주하였다. 다들 사대(四大) 강건하시니 복 많은 불자들이다. 차담 시간에 많은 말씀을 나누었는데, 마음 건강도 모범적이셨다. 인(仁), 의(義), 예(禮), 지(智), 신(信)의 5상(五常)의 인격향이 나눠 먹은 백두산 목청꿀보다 진하다.

기장님의 바램대로 다음생까지 좋은 인연이 될 것이다.

恭	惟	鞠	養	豈	敢	毁	傷
공손할 공	생각할 유 오직 유	살필 국 기를 국	기를 양 봉양할 양	어찌 기	감히 감 구태여 감	헐 훼 훼손할 훼	상할 상 손상할 상

無一 (공유국양) 삼가, 살피고 길러주신 것을 생각할지니,
번역 (기감훼상) 어찌 감히 훼손하고 손상할 것인가.

千字文 因緣日記

2016. 11. 22. 화요일 흐림

절 집안의 상좌는 마음의 자식이다. 그래서 은사는 행자로 들어온 상좌에게 법명을 지어주고, 가사장삼을 사서 입힌다. 평생 먹을 밥그릇인 바루도 챙겨준다. 그리고 기본 교육 과정에 보내서 공부도 시켜준다. 한 명의 비구를 탄생시키기 위해 물심양면으로 많은 공을 들인다. 그런데, 이렇게 해서 길러 놓아도 배은망덕하고 떠나가는 상좌가 부지기수이다. 나의 경우도 예외가 아니다. '그저 그려러니' 하지만 인간 근본에 대한 비애를 느낄 때가 많다. 오늘 오후, 방화로 인해 수리 중인 호주도량 문제가 해결되었다는 소식을 받았다. 물질적 상처는 5년 만에 해결되었지만, 정신적 상처는 더 오래 갈 것 같다. 맡겨준 정재(淨財)를 훼손하고 손상하는 것만도 나쁜 일인데 은사의 덕과 법을 훼손, 손상하는 상좌 또한 더러 있으니 그 업을 어떻게 할 것인가! 은사는 그들이 받을 과보까지도 걱정한다.

女	慕	貞	烈	男	效	才	良
여자 여 계집 녀	사모할 모 생각할 모	곧을 정 정조 정	매울 렬 굳셀 렬	사내 남 남자 남	본받을 효 배울 효	재주 재 재능 재	어질 량

無一 (여모정렬) 여자는 곧음과 굳셈을 생각해야 하고,
번역 (남효재량) 남자는 재능과 어짐을 배워야 한다.

千字文 因緣日記

2016. 11. 23. 수요일 맑음

세상의 모든 유정물(有情物)은 자기 업대로 놓여져 있고, 활동한다. 사람 또한 예외가 아니다. 사람 가운데에서도 남자는 남자의 업이 있고 여자는 여자의 업이 있다.

오늘 온 우담바라꽃집 봉사단 회원을 보면서 여자는 꽃을 사랑할 수밖에 없음을 느꼈고, 문수전의 작업 현장을 살피는 정광건설의 임직원들을 보면서 남자는 일을 사랑할 수밖에 없음을 느낀다. 그래서 꽃을 좋아하는 여자는 언제나 곧음과 굳셈을 생각해야 하고, 일을 좋아하는 남자는 언제나 재능과 어짐을 배워야 한다. 즉, 곧음과 굳셈을 놓치면 여자가 아니고 재능과 어짐을 놓치면 남자가 아니다.

知	過	必	改	得	能	莫	忘
알 지	지날 과 허물 과	반드시 필	고칠 개	얻을 득 깨달을 득	능할 능	없을 막 말 막	잊을 망

無一 번역
(지과필개) 허물을 알았으면 반드시 고치고,
(득능막망) 깨달아 할 수 있으면 잊지 말아라.

千字文 因緣日記

2016. 11. 24. 목요일 맑음

암군(暗君)이라 할 만한 박근혜 대통령 한 사람 때문에 이 나라가 거덜나게 생겼다. 자기 허물이 무엇인지도 모르는 게 분명하다. 그러니 고칠 수도 없다. 국민들이 그의 덕과 능력을 이제서야 깨달았으나 할 수 있는 일이 크게 없다. 법 제도와 민주주의의 모순이다. 대통령은 그 국민의 수준에 맞게 뽑힌다 하였으니 이 나라 모든 사람이 함께 고통받을 수밖에 없는 것은 당연하다. 공업(共業)이다. 모레 저녁, 비바람 맞으며 촛불을 드는 노고는 그런 사람을 뽑은 사람들이 감수해야 한다.

늦은 시간 방문한 선상신 BBS 사장의 불교방송 경영 능력이 탁월해 보인다. 과거 불교방송의 허물을 잘 진단하면서 고치려고 애쓰는 것 같다. 그리고 자기가 꼭 해야 하고, 할 수 있는 일을 잊지 않으려는 모습이 아주 인상적이다.

罔	談	彼	短	靡	恃	己	長
말 망	말씀 담	저 피	짧을 단 단점 단	쓰러질 미 없을 미	믿을 시 자랑할 시	몸 기	길 장 장점 장

無一 (망담피단) 남의 단점을 말하지 말고
번역 (미시기장) 자기의 장점을 자랑하지 말라.

千字文 因緣日記

2016. 11. 25. 금요일 맑음

무문관의 생활이 내 스스로 마음에 드는 것이, 말을 하지 않아도 된다는 점이다. 오늘도 두어 차례 10개의 선방 문 앞을 지나쳐 다녔지만 무문(無門)의 특징답게 적막강산이었다.

사람이 말을 하다 보면, 거의 본능적으로 자기 자신은 좋게 드러내고 남은 나쁘게 표현한다. 남을 험담하다 보면 스스로 비참해지는 것을 느끼게 된다. 그리고 상을 내서 자화자찬하다 보면 스스로 부끄럽다는 것을 느끼게 된다. 한마디로 구시화문이다. 입을 떼지 않는 것이 상책이다. 입을 뗄 일이 있으면, 내면의 참나가 충분히 정제한 말을 뱉어야 한다. 남의 단점도, 나의 장점도 아닌 말을 해야 아주 멋지고 진리적인 존재가 된다.

信	使	可	覆	器	欲	難	量
믿을 신	하여금 사 쓸 사	옳을 가 가능 가	되풀이할 복 덮을 부	그릇 기	하고자할 욕 욕심 욕	어려울 난 힐난할 난	헤아릴 량 수 량

無一 번역　(신사가복) 믿음 있는 행동은 가능하면 되풀이 해서 하고
(기욕난량) 마음 그릇은 헤아리기 어렵게끔 하라.

千字文 因緣日記

2016. 11. 26. 토요일 흐림

금일 1박2일 캠프의 '산길 명언명구 명상'의 주인공들은 큰절 제147기 법우들이었다. 특별히 주인공들이라고 말하는 것은 지금껏 해 온 여느 팀보다 명언명구를 가장 충실히, 주인공답게 반복해서 외웠기 때문이다.
믿음을 가지고 좋은 일을 반복하는 것은 내재하고 있는 자기 주인공을 성성하게 한다. 명상 수행의 가장 중요한 열쇠는 반복이다. 끊임없는 반복 수행을 하다 보면 마음 그릇은 한량없이 커져서 마침내 다른 사람과는 비교할 수 없는 경지에 오르게 된다.

墨	悲	絲	染	詩	讚	羔	羊
먹 묵	슬플 비	실 사	물들일 염 더럽힐 염	시 시	기릴 찬 칭찬할 찬	새끼양 고	양 양

無一 번역
(묵비사염) 묵자는 흰 실이 물듦을 슬퍼하였고
(시찬고양) 시경은 고양편(羔羊篇)에서 기렸느니라.

千字文 因緣日記

2016. 11. 27. 일요일 맑음

처음 갓 출가한 행자는 대부분 신심(信心)이 청정(淸淨)하다. 그런데 한해 두해 지나면, 소위 말하는 장판 때가 묻으면서 못된 폐습에 물든다. 그래서 출가한 주제에 돈과 명예와 권력에 집착한다.

강원을 마치고 여기 와서 같이 사는 한 상좌가 최근의 대화에서 자기 도반들의 '물듦 현상' 에 크게 개탄하였다. 사실 이는 절 집안만의 문제는 아니다. 새로이 일을 시작하는 거의 모든 이들이 시간이 갈수록 초심(初心)을 망각하고 스스로 하얀 순수함을 지워간다. 그래서 끝까지 깨끗한 덕을 유지하는 사람들은 높은 분으로부터 칭송받는 것이다.

내 상좌의 경우, 20% 정도는 때묻지 않고 수행자다운 덕을 갖추고 있다고 보여진다.

景	行	維	賢	克	念	作	聖
볕 경 클 경	행할 행 갈 행	벼리 유 이을 유	어질 현	이길 극	생각 념	지을 작	성인 성

無一 번역 (경행유현) 행위를 훌륭히 하면 현인을 잇고,
(극념작성) 생각을 이기면 성인을 짓는다.

千字文 因緣日記

2016. 11. 28. 월요일 맑음

큰절에 가는 날이다. 목욕삭발까지 한 한 달만의 행차이다. 가는 김에 참좋은이서 중 · 고등학교의 이사회 모임과 전체 도량 임원진 회의도 가졌다. 무문관에서 혼자 수행하는 것은 오히려 어렵지 않으나 많은 사람들이 모이는 곳에서는 행위와 생각이 부자연스럽다. 걸음걸이 하나라도 함부로 할 수 없다. 그래서 남이 보기에 모범적이다. 대중이 공부시켜 준다는 말이 딱 맞다. 나의 머트러운 행동과 정제되지 않은 말과 삼독심(三毒心)을 이기지 못한 생각이 신도들의 신심을 떨어뜨리지는 않을까 늘 노심초사한다.

곰곰이 사유해 보면, 현인을 잇고 성인을 지으려고 노력할 뿐, 사람은 본시 그 이하도 그 이상도 아니다.

德	建	名	立	形	端	表	正
큰 덕 덕 덕	세울 건 설 건	이름 명	설 립	모양 형 외모 형	끝 단 바를 단	겉 표	바를 정 정월 정

無一 (덕건명립) 덕이 서면 이름이 서고
번역 (형단표정) 외형이 바르면 몸가짐도 바르다.

千字文 因緣日記

2016. 11. 29. 화요일 맑음

초하루 신중기도일이다. 아침부터 도량 전체가 신도들의 발걸음으로 붐빈다. 사시(巳時)가 되자 대웅전과 옥불보전의 모든 법당이 꽉 찼다. 복도까지 입추의 여지가 없다. 우리절의 창건주이자 회주인 나는 신심단월에게 입으로라도 그 공덕을 회향하기 위해 단단히 법문을 준비하였다. 오늘 법문의 주제는 적멸성(寂滅性), 즉 본래심(本來心)이다. 자내증(自內證)을 현재적으로 풀어 설명하기 위해 일주일 이상을 사색하였다. 단 1시간 법문을 위해 20~30시간을 투자한 셈이다. 이 정도는 준비해야 대중들의 감응을 얻을 수 있다. 법을 설하는 법사의 덕은 완벽에 가까운 법문에 있다. 그리고, 법문을 할 때는 가사, 장삼을 여법하게 수하고 위의(威儀)를 잘 갖추어야 한다.

空	谷	傳	聲	虛	堂	習	聽
빌 공	골 곡	전할 전	소리 성	빌 허	집 당	익힐 습 중첩 습	들을 청

無一 번역
(공곡전성) 빈 골짜기에 전하는 소리,
(허당습청) 빈집에 중첩된 들림.

千字文 因緣日記

2016. 11. 30. 수요일 흐림, 비

세상의 말이란, 좋은 소식은 하나로 겨우 전달되는 수가 많고 나쁜 소식은 온통 뒤섞이어 무슨 소리인지 헷갈릴 때가 많다. 지금의 박근혜, 최순실 게이트에서 나오는 소리들은 참으로 복잡하고 어지럽다. 빈집에 중첩된 들림이다.
오늘 다녀간 큰절 제73기의 신도님들 면면은 맑고 깨끗하였다. 14년 차 공부를 하는 도반들이 30명이나 된다 하니 가히 모범적이라 할 수 있다. 나의 말, 한마디 한마디를 빈 골짜기에 전하는 소리로 받아들이는 긍정적 모습이 아주 아름답다.

禍	因	惡	積	福	緣	善	慶
재앙 화	인할 인 인연 인	악할 악 미워할 오	쌓을 적	복 복	인연 연 연유 연	착할 선 좋을 선	경사 경 착할 경

無一 번역
(화인악적) 재앙은 악의 쌓임에 인연하고
(복연선경) 복은 선의 경사에 인연한다.

千字文 因緣日記

2016. 12. 1. 목요일 맑음

악한 짓을 많이 하면 결국 화가 닥치고 선한 행위를 많이 하면 결국 복을 받는다. 화가 됐든, 복이 됐든 거기에 반드시 그럴 만한 이유가 있다. 악인화과(惡因禍果)요 선인복과(善因福果)이다. 그런데 이러한 인과(因果)의 분명한 질서에도 불구하고 이를 애써 외면하고 믿으려 하지 않는 사람들이 많다. 믿거나 말거나 간에 세상 돌아가는 이치는 너무도 분명하여 그 누구도 인과의 질서를 거스를 수 없다. 악은 악대로 선은 선대로 꼭 남게 되어 있다.
현재의 나 자신을 보면 분명히 그러하다. 악은 악대로 받아야 할 그럴 만한 것이 있고, 선은 선대로 받아야 할 또 다른 그럴 만한 것이 있다. 즉, 나에게 악과 선이 동시에 얽혀져 있다. 사실은 나 뿐 아니라 모든 사람들이 다 그러하다. 현재의 박근혜 대통령은 말할 것도 없고.

尺	壁	非	寶	寸	陰	是	競
자 척	옥구슬 벽	아닐 비 나무랄 비	보배 보	마디 촌	그늘 음 세월 음	이 시 옳을 시	다툴 경

無一 번역 (척벽비보) 한 자의 옥구슬이 보배가 아니라
(촌음시경) 한 치의 그늘 시간으로 다투는 것이다.

千字文 因緣日記

2016. 12. 2. 금요일 맑음

옥구슬도 중요하지 않은 것은 아니지만 마음공부하는 이들에게는 마디 그늘의 시간이 더없이 중요하다. 시간은 참으로 신속하여 금세 하루가 지나고 한 달이 지난다. 그리고 한 년이 지난다. 한평생을 거의 다 산 노인들은 세상이 잠깐이었다고 회고한다. 그러면서 다부지게 마음 닦지 않음을 후회한다. 시간은 사람을 기다려주지 않는다. 살다 보면 남는 것은 마음공부밖에 없음을 절감한다. 벌써 병신년(丙申年)의 끝자락에 왔다. 보임 핑계 대고 선방에 기거하기는 하나 사람 만날 일이 잦다. 사람 만나서 시간을 보내다 보면 허전하다. 공식적인 일 이외에는 사적 만남을 최대한 자제하는데도 시간 뺏길 일이 많다. 오후, 2년 전에 사경 삼아 쓴 붓글씨들을 챙기면서 내가 너무 놀았구나 하고 자책을 하게 된다. 하루 한 시간씩 사경하는 틈도 내지 못하는 자신이 한심스럽다.

資	父	事	君	曰	嚴	與	敬
재물 자 밑천 자	아버지 부	일 사 섬길 사	임금 군 너 군	가로 왈 말할 왈	엄할 엄 공경할 엄	더불어 여 줄 여	공경 경 존중 경

無一 번역
(자부사군) 아버지 섬김을 바탕 삼아 임금을 섬기니,
(왈엄여경) 이를 일러 공경함과 존중함이라 한다.

千字文 因緣日記

2016. 12. 3. 토요일 맑음

세상이 많이 변했다. 임금이 임금답지 못하면 공경함과 존중함은커녕 주어진 임기도 채우지 못한다. 지금 박근혜 대통령은 사면초가의 극한 상황에 직면해 있다. 지지율은 4%인데, 오늘 저녁 대통령 즉각 사퇴 요구의 운집 시위는 232만으로 사상 최대 규모이다. 공경함과 존중함! 보통 사람이라도 그 생각이 반듯하고, 그 행위가 대승적이면 그렇게 대접받는다. 오늘 일일 명상힐링캠프에 동참한 진향회는 영천 삼사관학교의 법회팀이다. 돈을 각출해가면서 한 달에 한 번씩 생도들의 정기법회를 뒷바라지한다는 자체가 참으로 공경스럽고 존중스럽다. 대구, 경북에 그 많은 사찰들이 있다 하지만 오직 우리절의 진향회만이 십수 년 음식 후원 및 법회 지원을 한다고 하니 더욱 그런 마음이 난다. 참으로 대승보살들이다.

孝	當	竭	力	忠	則	盡	命
효도 효	마땅 당 당할 당	다할 갈	힘 력	충성 충	곧 즉 법칙 칙	다할 진	목숨 명

無一 번역 (효당갈력) 효도는 마땅히 힘을 다하는 것이며,
(충즉진명) 충성은 곧 목숨을 다하는 것이다.

千字文 因緣日記

2016. 12. 4. 일요일 맑음

효(孝)니 충(忠)이니 하는 개념도 시대 상황에 따라 많이 달라졌다. 이름이 같다하여서 같은 게 아니다.
밤중에 문수전 주위에 갖다 놓은 나무를 둘러보면서 보리수라고 말한 그 나무가 내가 주문한 염주 만드는 보리수가 아니고 따먹는 보리수였다. 즉, 보리수 이름은 같되 전혀 다른 나무이다. 내일 업자에게 분명히 말해야겠다.
효도와 충성!
우리는, 자기식대로 말의 뜻을 이해하고, 그것을 다른 이에게 무조건 그 잣대를 들이대며 억지를 부리지는 않는지 생각해 볼 일이다. 요즘 시국을 보는 견해가 각각 다른 것도 같은 맥락이다.

臨	深	履	薄	夙	興	溫	凊
임할 임	깊은 심	밟을 리	얇을 박	일찍 숙	일어날 흥	따뜻할 온	서늘할 정 서늘할 청

無一 번역
(임심리박) 깊은 물가에 다다른듯 살얼음을 밟듯,
(숙흥온정) 일찍 일어나 따뜻한가 서늘한가를 살펴라.

千字文 因緣日記

2016. 12. 5. 월요일 맑음

절 집안에는, 부모에 해당하는 은사가 계신다. 상좌로서 가장 지근거리에서 은사를 모시는 기회는 시봉할 때이다. 시봉은 만만치가 않다. 은사의 성격이 까다로울 경우에는 시봉하는 상좌가 엄청난 스트레스를 받는다. 하지만 그러한 과정을 거쳐야만 훌륭한 스님이 되어간다. 거기서 나가떨어지면 사제지간의 관계 자체가 멀어진다. 아무튼, 시봉은 오랜 추억을 남기고 평생 승려 생활하는 데 큰 자양분이 된다.

출가한 지 수십 년 지나 나 또한 60여 명의 상좌가 있는 은사의 입장에 있지만 나의 은사 스님을 뵈면 늘 조심스럽다. 전화 한 통 드리기도 외람되이 예를 그르칠까 삼가고 삼간다. 오후, 통도사 계신 은사 스님께 전화를 드리니 스님께서는 오히려 나의 건강을 물으시며 엄청 좋아하신다.

似	蘭	斯	馨	如	松	之	盛
같을 사	난초 란	이 사 곧 사	꽃다울 형 향내날 형	같을 여	소나무 송	갈 지 이 지	성할 성

無一 (사란사형) 난초의 그 향기와 같이 하고,
번역 (여송지성) 소나무의 무성함과 같이 하라.

千字文 因緣日記

2016. 12. 6. 화요일 맑음

연대산 산길 명상은 소나무가 내뿜는 피톤치드로 행복 그 자체이다. 오늘 오후에는 조경 업체인 예림에서 절 마당 한 가운데 아주 그럴듯한 소나무 한 그루를 그저 심어주었다. 아무튼, 초겨울이 되고 보니 소나무의 푸르름이 돋보인다.
한편, 연대산에는 자연적으로 자라나는 난초가 여기저기 많다. 요즘 같이 메마른 계절에는 산골짜기를 타다가 만나는 난초가 더없이 반갑다. 난초는 그 향기도 좋지만 겨울에도 꼿꼿이 허리 펴고 자기 빛깔을 유감 없이 드러내는 그 고집이 매력적이다.
비록 초목이지만, 사람은 난초와 소나무로부터 배울 덕(德)이 많다.

川	流	不	息	淵	澄	取	映
내 천	흐를 류 무리 류	아니 불	쉴 식 숨쉴 식	못 연	맑을 징	가질 취 취할 취	비칠 영

無一 번역 (천류불식) 냇물이 흘러 쉬지 않듯이 하고,
(연징취영) 못물이 맑아 비침을 취하듯이 하라.

千字文 因緣日記

2016. 12. 7. 수요일 맑음

수행은 자연에서 배우고, 독려를 받는 수가 많다. 이곳 세계명상센터는 회곡(檜谷) 골짜기에 작은 못이 하나 있어서 호수 명상하기에 그저 그만이다. 1박2일 명상힐링캠프 과정에 꼭 들어가 있는데 못가에 앉을 때마다 못의 맑음과 잠잠함에 자연 마음들이 차분해진다. 일찌감치 이 못의 쓰임을 예감하고 용담이라 부르고 있다.

용담에서 흘러내린 냇물은 그 빛깔도 좋거니와 물소리가 참으로 일품이다. 수질이 1급수라서 다슬기와 가재도 산다. 최근에, 절 측에서 논 두 마지기를 구입하여 미나리꽝을 조성하였는데, 이 1급 청정수의 냇물로 길러지는 청정 미나리라, 신도들의 입맛의 기대가 크다. 쉼 없는 냇물의 정진력이 백방으로 효험이 크다.

容	止	若	思	言	辭	安	定
얼굴 용 용모 용	그칠 지 거동 지	같을 약 만약 약	생각 사	말씀 언	말씀 사 사양 사	편안 안	정할 정 편안할 정

無一 (용지약사) 용모와 행동은 사려 깊이 하며
번역 (언사안정) 언사는 편안하고 바르게 하라.

千字文 因緣日記

2016. 12. 8. 목요일 맑음

무문관에서 쪽지 하나가 나왔는데 무슨 불만이 가득차 있었다. 외호하는 대중에 대한 불만이라기보다 스스로에 대한 불만이었다. 자신에게는 공양 오는 사람이 없으니, 누가 무엇을 공양 올렸다는 편지도 넣지 말며, 또한 공양 올린 사람에 대한 축원 부탁의 글도 넣지 말라는 것이다.
스스로 생각해도 문제가 느껴지는지 배우지 못한 탓으로 문장이 매끄럽지 못함을 용서해 달라고까지 하였다. 문장의 표현력이 부족한 것은 어쩔 수 없다. 그렇다고 해서 그것이, 열심히 수발하는 사람들의 마음을 헤집어 놓는 것에 대한 합리화는 될 수 없다.
무문관에 앉아 완전히 폐문한 상황에서도 조심해야 할 행동과 언사가 있다. 하물며 진종일 나대고 돌아다니는 사람들의 경우야 말해 무엇하리오.

篤	初	誠	美	愼	終	宜	令
도타울 독 두터울 독	처음 초	정성 성 진실로 성	아름다울 미 맛날 미	삼갈 신	마칠 종	마땅 의 옳을 의	하여금 령 훌륭할 령

無一 번역 (독초성미) 처음을 도타웁게 함은 참으로 아름답고
(신종의령) 마침을 신중히 함은 정말로 훌륭하다.

千字文 因緣日記

2016. 12. 9. 금요일 맑음

처음부터 끝까지 잘하기가 쉽지 않다. 박근혜 대통령이 오후 4시쯤, 국회에서 탄핵 되었다. 국회의원 재적 의원 300명 가운데서 234명이 탄핵에 찬성하고 56명이 반대하였다. 대통령 임기를 1년여 남겨둔 상태인데, 5년 임기도 제대로 채우지 못하는 부덕과 무능력이 참으로 한심스럽다. 박근혜 대통령은 지금 탄핵소추안에 적시된 13가지 죄목도 문제지만, 내가 진단하기엔 정책의 마인드 부재로 인한 국가경영의 실패가 더 큰 문제인 것 같다. 개성공단의 철수, 일본과의 위안부 합의, 국사 국정교과서 강행, 사드배치 결정, 한일 군사정보 보호협정 등은 다음 정부가 원점에서 재고하고 해결해야 할 골치덩어리임이 분명하다. 일련의 이러한 일들을 보면 박근혜 대통령은 처음부터 끝까지 잘한 게 없다. 막강한 권력을 쥐고도 국가를 이렇게 망치기도 참 어렵다.

榮	業	所	基	籍	甚	無	竟
영화 영 번영할 영	업 업 일 업	바 소	터 기 바탕 기	떠들썩할 자 떠들썩할 적	심할 심	없을 무 아닐 무	마칠 경 즈음 경

無一 번역 (영업소기) (그것이) 번영하는 업의 바탕되는 바요,
(자심무경) (그리하면) 자자한 명성은 끝이 없으리라.

千字文 因緣日記

2016. 12. 10. 토요일 맑음

사람이든 단체든 기본에 충실하면 억지로 명성을 구하지 않아도 그 이름은 못에 던진 돌의 여울처럼 주위에 퍼져나간다.

오늘 1박2일 명상힐링캠프에 참여한 포항도량의 제16기, 제19기 법우들의 얘기를 주의 깊게 듣다 보니 포항도량이 이제 자리를 잡고 정상 궤도에 진입하겠다는 확신이 들었다. 현재 주지인 대선(大禪) 상좌(上佐)는 예불 수행도 철저하고 신도 화합의 도모에도 애를 쓰고 있다고 이구동성으로 말한다. 공심(公心)이 분명하고 은사(恩師)의 지시를 잘 따르는 것을 볼 때, 좋게 말하는 신도들의 평판이 믿을 만하다. 절 집안에서의 기본이란 것은 간단하다. 예불 잘하고 신도들 생각하고 은사에 순종하는 것이다.

學	優	登	仕	攝	職	從	政
배울 학 학문 학	넉넉할 우 뛰어날 우	오를 등	벼슬 사	잡을 섭 가질 섭	직분 직 직책 직	좇을 종 일할 종	정사 정 정무 정

無一 번역 (학우등사) 학문이 뛰어나면 벼슬길에 올라,
(섭직종정) 직책을 가지고 정무에 종사한다.

千字文 因緣日記

2016. 12. 11. 일요일 맑음

고금을 막론하고 공부한 사람들이 세상을 이끌어가고 있다. 이 원칙은 미래 세상에도 마찬가지일 것이다. 머리가 다리를 끌고 가는 게 너무나도 당연하다. 이러한 질서는 불교 내에서도 마찬가지이다. 아무리 참선 수행이 중요하다 하더라도 경학(經學)을 무시하고는 그 어떤 일도 해낼 수 없다. 경학은 곧 학문이다. 스님들 중에서도 학문을 좋아하고, 나아가 어느 정도 배운 사람이 직책을 잘 감당해낸다. 실력이란 내공(內功)이기 때문에 빛이 안에 있으면 억지로 숨기려 해도 밖으로 새어나오기 마련이다.

오늘 팔공산도량에서 30여 명 신도들이 다녀갔다. 인솔해 온 주지, 자재(自在) 스님은 미국에서 대학을 마치고 시민권까지 획득한 한국계 미국인이다.

우리절 쪽으로 출가하여 석, 박사 과정을 거의 마치고 논문 쓰는 일만 남았다. 마침 무문관에 빈 방이 하나 나서 1월부터 박사 논문을 쓰게 할 요량이다. 공부하려는 열의와 의욕이 마음에 든다.

存	以	甘	棠	去	而	益	詠
있을 존	써 이 까닭 이	달 감	팥배나무 당	갈 거	말이을 이 어조사 이	더할 익 이로울 익	읊을 영

無一 번역
(존이감당) (소공이) 감당나무 아래에 있었는데,
(거이익영) (그가) 떠나가고서 (사람들이) 더욱 기려서 읊었다.

千字文 因緣日記

2016. 12. 12. 월요일 맑음

위대한 인물은 당대에도 칭송을 받지만 돌아가신 후에도 흠모를 받는다. 나는 행자 시절을 통도사 선방인 보광전에서 보냈는데, 그 인연으로 나의 은사의 은사이신 월하(月下) 노스님으로부터 많은 것을 배웠다. 노스님의 열반 달이 양력 12월이라 이즈음 되면 대선사이신 큰스님을 가끔 떠올린다. 큰스님이 10년만 더 사셨더라도 한국불교가 좀 더 긍정적으로 발전하지 않았겠나 하고 생각한다. 큰스님은 빨래까지도 스스로 하실 만큼 솔선수범하시고 검소하셨다. 오늘 나는, 어제 넣어 돌려 둔 빨래를 세탁기에서 꺼내면서 말씀없이 가르치신 월하 대선사(大禪師)의 큰 덕(德)을 잠시 생각하였다.

'그렇지! 자기 옷은 죽을 때까지 스스로 빠는 것이 맞다.'

樂	殊	貴	賤	禮	別	尊	卑
풍류 악 즐거울 락	다를 수	귀할 귀	천할 천	예도 례	나눌 별 다를 별	높을 존	낮을 비

無一 (악수귀천) 음악은 신분의 귀하고 천함에 따라 다르고,
번역 (예별존비) 예법은 신분의 높고 낮음에 따라 다르다.

千字文 因緣日記

2016. 12. 13. 화요일 맑음

인간 차별이 없는 지금 세상에서도 고정관념, 선입견 때문에 음악이나 예법이 차별을 당한다. 여러 장르의 음악이 있지만 이는 개개인의 취향에 따라 다를 뿐이다. 예법 또한 그 단체나 집단의 룰이 있을 뿐 절대적인 원칙은 없다. 어렵다고 해서 차원이 높은 것이 아니며 쉽다고 해서 천박하지 않다. 금강경 특강 때문에 저녁 시간 대구큰절을 다녀왔다. 역시, 법회 시작 전후 찬불의 노래가 불려지고 의식에 맞춰 사찰 식의 예법이 있었다. 절에서 이루어지는 음악이나 예법은 그 자체가 수행이고 공부거리이다. 한국불교대학 大관음사는 이러한 면에서 보더라도 수행과 공부에 더없이 좋은 도량이다. 우리절 합창단은 창건 이후 가장 먼저 생긴 신행단체이다. 그리고 신입생이 들어오면 가장 먼저 절하는 것부터 가르친다.

上	和	下	睦	夫	唱	婦	隨
윗 상 높을 상	화할 화 온화할 화	아래 하 내릴 하	화목할 목 공경할 목	지아비 부 남편 부	부를 창 인도할 창	지어미 부 아내 부	따를 수

無一 번역 (상화하목) 윗사람이 온화하니 아랫사람이 화목하며,
(부창부수) 남편이 인도하니 아내가 따른다.

千字文 因緣日記

2016. 12. 14. 수요일 흐림

독신 수행자로 구성되어 있는 작금의 조계종은 후학(後學)들이 들어오지 않아서 큰 곤란에 처해 있다. 예비 수행자인 행자(行者) 보기가 하늘의 별따기라는 말도 있다. 절이 이러한 지경에 이르게 된 것은 말 그대로 자업자득(自業自得)이다. 지금까지 절 집안에서는 행자를 노예 부리듯 해왔다. 윗사람이 온화하기는커녕 너무 위압적이었다. 그러다보니 자연, 행자들끼리의 분위기도 살벌했었다.

나는 행자 교육을 개선하기 위해 독방(獨房)을 주면서 자율주의를 취하였다. 상좌가 60명이나 되는 이유도 여기에 기인한다고 본다. 지금도 행자가 두어 명 있는데, 은사가 될나 자신부터가 행자를 터치하지 않는다. 총책임자인 회주(會主)가 민주적으로 인도하니 대중들이 부창부수 하듯이 잘 따른다.

外	受	傅	訓	入	奉	母	儀
바깥 외 겉 외	받을 수 용납할 수	스승 부 문서 부	가르칠 훈 뜻 훈	들 입	받들 봉	어머니 모	거동 의 법도 의

無一 번역 (외수부훈) 바깥에서는 스승의 가르침을 받고,
(입봉모의) 들어와서는 어머니의 법도를 받든다.

千字文 因緣日記

2016. 12. 15. 목요일 맑음, 제일 추운 날씨

현재 조계종의 교육시스템은 다분히 통합적이다. 은사가 인가된 교육기관에 상좌를 파견하게 된다. 교육기관에는 중앙승가대학교, 동국대학교, 지방 승가대학, 기본 선원 등으로 이곳을 나오지 않으면 비구계를 받을 수 없다. 비구계를 받고는 대학원 과정이나 선방을 다닐 수 있는데 이 또한 정해진 룰에 따라 각기 처소에서 그쪽의 스승으로부터 가르침을 받는다. 방학 기간이나 해제 때는 상좌되는 입장에서 대체로 은사가 살고 있는 수행처에 와서 절 일을 돕는다. 은사의 거주처는 나름 특색 있는 문중을 형성하고 있음으로 당연히 상좌는 그 법도를 이러한 기회에 익혀야 한다. 또한, 우리절은 대학이든 대학원이든 공부는 시켜주되 졸업 후에 2년 또는 4년간 소임을 살도록 규정되어 있다.

이 룰을 깨고 은사인 나와 왕래(往來)를 끊고 살아가는 염치없는 상좌들도 있다. 하지만 대부분, 우리절 가풍을 잘 따라 주고 있는데, 지금 동안거 중에 20~30명 되는 상좌들이 국내외 도량들을 지키고 있다. 오늘, 올겨울 들어 가장 추운 날씨이다. 상좌들의 노고가 크다.

諸	姑	伯	叔	猶	子	比	兒
모두 제 여러 제	시어머니 고 고모 고	맏 백 백부 백	아재비 숙 숙부 숙	오히려 유 같을 유	아들 자	견줄 비	아이 아

無一 (제고백숙) 모든 고모와 백부와 숙부들은
번역 (유자비아) 조카를 자기 아이처럼 대해야 한다.

千字文 因緣日記

2016. 12. 16. 금요일 맑음

출가(出家)를 했다 하더라도 세속의 천륜은 어쩔 수가 없다. 나보다 대여섯 살 연세가 많으신 막내 삼촌이 어떻게 알고 전화가 왔다. 삼촌의 아들이 결혼을 한다는 것이다. 출가한 사람이지만 종손인 조카에게 꼭 알려야 할 것 같다는 말씀이다. 나는 나대로의 도리를 지켜야 할 것 같아서 부조금을 보냈다.

세월은 참으로 유수(流水)처럼 빠르다. 막내 삼촌은 어린시절 속에 함께 한 시간이 길었다. 4대가 한 지붕 아래 살면서 일어난 숱한 사연들이 주마등처럼 스친다. 이미 과거가 되어버린 일들이지만 그 과거가 오늘의 나를 돌아보게 한다. 살아있는 동안 얼굴도 모르는 삼촌의 아들, 4촌 형제와 차 한 잔 나눌 시간이 꼭 올 것이다. 운명이기 때문이다.

孔	懷	兄	弟	同	氣	連	枝
구멍 공 심히 공	품을 회 생각할 회	맏 형	아우 제	한가지 동 같을 동	기운 기	이을 련	가지 지

無一 번역 (공회형제) 형제는 같은 기운으로 이어진
(동기련지) 가지임을 깊이 생각하라.

千字文 因緣日記

2016. 12. 17. 토요일 맑음

계절은 나의 포행 마당을 온통 무채색으로 변화시켰다. 그런 중에 블루베리 대여섯 잎이 한 가지에 오밀조밀 형제처럼 붙어서 새빨간 광채를 뿜어 대고 있다. 봄꽃이 이처럼 선명할 수 있을까! 나는 모바일 카메라로 수십 장 사진을 찍어 댔다.

오늘은 형제 도량인 칠곡도량에서 제23기 형제 도반들이 캠프에 참석하였다. 마음들이 순수하고 맑다.

전혀 다른 이야기이지만, 나의 속가 친형제들은 이미 결혼하여 그런대로 잘 살고 있다. 큰형의 역할을 하지 못해 미안할 따름이다. 돌이켜보면, 형제들은 내가 출가하였을 때도 부모님 다음으로 가장 마음 아려하였고, 병마에 시달릴 때도 가장 안타까워 하였다.

나 또한, 그들과 전화 한 통 주고 받지 않지만 그들이 건강하고 행복하게 살기를 늘 염원한다. 얼마 전에는 한 동생이 직접 담은 감식초를 대중공양 올리고 갔다 한다. 고맙다.

孔懷兄弟 同氣連枝

交	友	投	分	切	磨	箴	規
사귈 교	벗 우	던질 투 서로잘맞을 투	나눌 분 베풀어줄 분	끊을 절	갈 마	경계 잠 바늘 잠	법 규 경계할 규

無一 번역 (교우투분) 법을 사귐에는 서로 잘 맞아 베풀어 주며,
(절마잠규) 절차탁마하고 경계하여 바로 잡아 주라.

千字文 因緣日記

2016. 12. 18. 일요일 맑음

절에서는 벗을 도반이라 한다. 부처님께서는 도반의 중요성을 묻는 아난 존자의 질문에 수행의 전부라고 하였다.

그러하다. 절 집안에서의 벗은 마음공부하고 대승보살행을 닦는 인연이어야 한다. 그런데, 사실은 그렇지 않은 경우가 더러 있다. 신문지상에도 가끔씩 뜨는 문제지만 스님들이 모여서 도박을 하고 외국에까지 나가 골프를 친다. 그러한 사람들은 꼭 그런 사람끼리 모여 카르텔을 형성, 또 다른 작당을 한다.

다행히 나의 경우에는, 도반들이 다들 바쁘게 살면서 무엇인가 보람 있는 일을 하려고 애쓴다. 1년에 한두 번 만나더라도 그 흔한 곡차 한 잔 하지 않는다. 그냥 얼굴 보고 이야기하는 것만으로도 크게 만족한다.

지금껏, 살아오면서 우리 도반들이 아쉬워 하는 것은 중간에 수행을 포기하고 결혼한 한 도반을 미리 제지하고 잡지 못한 일이다. 결혼이 나쁜 것은 아니겠지만, 옛 도반으로서의 관계가 소원해지고 그가 수행을 하지 않는 모습이 안타깝다.

仁	慈	隱	惻	造	次	弗	離
어질 인	사랑 자	숨을 은 불쌍히여길 은	슬플 측 측은히여길 은	지을 조 잠깐 조	버금 차 갑자기 차	아닐 불 말 불	떠날 리

無一 번역

(인자은측) 인자하고 측은히 여기는 마음은
(조차불리) 잠시도 여의지 말라.

千字文 因緣日記

2016. 12. 19. 월요일 흐림

한동안 보이지 않던 세면장의 개미가 며칠 전부터 나타나 물을 쓸 때마다 신경쓰이게 한다. 아침에 보니 어제 내두었던 컵이 개미들의 진지가 되어 버렸다. 안팎으로 붙어서 무엇을 하는지 바쁘다. 나는 컵을 조용히 들어서 쪽문 밖에 놔두었다. 다행히 오늘 날씨가 푸근해서 얼어죽지는 않겠다. 바닥에 돌아다니는 개미는 마른 수세미로 밀어 붙여서 문턱 위에 올려 두었다. 내가 할 수 있는 일은 그 뿐이다. 나머지 일들은 개미 스스로 알아서 할 일이다.

나는 시골에서 자랐기 때문에 어릴 때부터 무엇을 죽이는 것에 대해 죄의식이 없었다. 시골은 가축도 길러서 손수 잡아 먹는 경우가 허다하다.

운명적으로 길들여진, 생명에 대한 무딘 감각을 일깨운 것은 출가였다. 출가한 이후 수행이 익어갈수록 생명에 대한 경외감이 일어났다. 그래서 요즘은 일부러 죽이는 죄는 짓지 않는다. 불교를 만난 것이 다행이다.

節	義	廉	退	顚	沛	匪	虧
마디 절 절개 절	옳을 의 의리 의	청렴할 렴	물러날 퇴 겸양할 퇴	엎어질 전 정수리 전	자빠질 패 늪 패	아닐 비 도둑 비	이지러질 휴 무너질 휴

無一 (절의렴퇴) 절개와 의리와 청렴과 겸양은
번역 (전패비휴) 엎어지고 자빠지더라도 이지러져서는 안 된다.

千字文 因緣日記

2016. 12. 20. 화요일 맑음

저녁반 제1학년 금강경 특강과 내일 있을 동지기도 법문을 위해 큰절에 갔다. 시자 겸 총무 소임을 보는 대공 수좌가 대만 학술 대회에 간 관계로 가장 선임이자 입승 소임자인 서일 수좌가 나의 수발을 들었다. 곧 수계를 하게 될 두 행자의 법명을 대본(大本)과 선밀(禪蜜)로 하라고 일렀다. 그리고 모든 대중스님들은 한 명도 빠짐없이 천수천안단(선방후원회)에 3구좌씩 가입할 것을 서일 수좌에게 책임 지웠다. 서일 수좌는 은사의 얘기를 당연한 듯 받아들였다.

서일 수좌는 아직까지 한 번도 나의 말을 거역한 적이 없다. 서일 수좌처럼 정말 믿을 만한 효상좌가 스무 명 정도 있다. 절개와 의리와 청렴과 겸양을 갖춘 이들이 있어 우리 절의 앞날은 아주 밝다.

性	靜	情	逸	心	動	神	疲
성품 성	고요할 정	뜻 정 사실 정	편안할 일 뛰어날 일	마음 심	움직일 동	귀신 신 기운 신	피곤할 피 고달플 피

無一 번역 (성정정일) 성품이 고요하면 감정이 편안하고,
(심동신피) 마음이 움직이면 기운이 피곤하다.

千字文 因緣日記

2016. 12. 21. 동지 수요일 맑음, 비

성품은 본래 고요함의 특징을 가진다. 그런데 공연히 망상이 일어나서 삶이 번거로워진다. 마음공부를 많이 해서 모든 게 쉬어진 사람들은 언행(言行)에서 저절로 그의 인격향이 베어 나온다.

동지법회를 마치고 만난 한 보살님 덕분에 연 이틀 강행군의 피로도 잊고 마음이 편하였다. 잠깐의 만남이었지만 그분의 법명대로 감로(甘露)의 법(法)이 되었다.

性靜情逸 心動神疲

守	眞	志	滿	逐	物	意	移
지킬 수	참 진	뜻 지	찰 만	쫓을 축 따를 축	만물 물 사물 물	뜻 의 생각 의	옮길 이 모낼 이

無一 번역 (수진지만) 참됨을 지키면 뜻이 충만하고,
(축물의이) 사물을 쫓으면 뜻이 흔들린다.

千字文 因緣日記

2016. 12. 22. 목요일 흐림

주인공이 성성하여 상황을 부리면 잘 사는 삶이 된다. 반면 주인공이 매몰되어 상황의 노예가 되면 그 삶은 힘들 수밖에 없다. 현실과 타협하지 않고 불의에 맞서 싸우면서 참됨을 지키는 사람들이 우리 주위에는 더러 있다. 오후에 만난 70 고령의 김성동 작가가 그러하였다.

거사님은 소설 『만다라』로 유명하다. 10여 년 승려 생활도 한 분이라 그런지 대화가 잘 통했다. TBC의 부탁으로, 무문관을 영화로 만듦에 있어서 시나리오 부탁을 받고 무문관 체험 차 양평에서 여기까지 오셨다. 서울 광화문 촛불집회도 참여할 만큼 자기 의식이 또렷또렷한 분이다. 이분 정도면 괜찮은 영화 대본이 나올 것 같다.

堅	持	雅	操	好	爵	自	縻
굳을 견	가질 지 지닐 지	맑을 아 바를 아	잡을 조 지조 조	좋을 호	벼슬 작	스스로 자	얽어맬 미

無一 (견지아조) 바른 지조를 굳게 지니면,
번역 (호작자미) 좋은 벼슬이 저절로 걸려든다.

千字文 因緣日記

2016. 12. 23. 금요일 맑음

절에서도 벼슬이라 할 감투가 있다. 그런데 그 벼슬은 수행자의 본분사에서 보았을 때는 한낱 티끌에 지나지 않는다. 그래서 '스님 벼슬은 닭 벼슬보다 못하다' 는 말까지 있다. 그런데 수행이 덜 된 사람은 그 벼슬을 좇아서 이리저리 바쁘게 움직인다. 그러다가 스스로 낭패를 본다. 스님이라면 적어도 벼슬에 연연하지 않아야 한다. 그런데 참 아이러니하게도 전혀 벼슬에 관심 없고, 심지어 벼슬을 증오하는 스님이 중요한 소임을 맡는 경우가 있다. 그런데 사람들은 소임 맡은 그 스님을 이전과 똑같이 깨끗하게 보면서 존경한다. 오직 수행을 지조로 살아가기 때문이다.
오후 늦게 연락이 온 한 상좌는 소임을 열심히 살면서도 수행을 늦추지 않는다. 사부대중이 하나 같이 참 멋진 스님이라고 찬탄한다.

都	邑	華	夏	東	西	二	京
도읍 도	고을 읍	빛날 화	여름 하 클 하	동녘 동	서녘 서	두 이	서울 경 숫자 경

無一 (도읍화하) 도읍은 중국에는,
번역 (동서이경) 동과 서의 두 서울이 있다.

千字文 因緣日記

2016. 12. 24. 토요일 맑음

현재 우리 한반도는 남과 북으로 나누어져 두 개의 수도를 갖고 있다. 대부분 민초(民草)들은 까닭도 모른 채 두 개의 수도, 평양과 서울을 중심으로 모여서 살고 있다. UN에도 동시 가입되어 있어서 별 문제가 없어 보이나 사실 내막은 불안하다. 양쪽의 위정자들이 심심하면 남,북 관계를 아전인수 격으로 끌어들여 체제 유지에 이용하고 있다.
오후에 우연히 만난 개성공단 한 입주 사업가는 국가의 무질서한 정책 때문에 살아가기가 막막하다고 울분을 토하였다.

背	邙	面	洛	浮	渭	據	涇
등 배	산이름 망 뫼 망	낯 면 향할 면	물이름 락 물 락	뜰 부 띄울 부	물이름 위	의지할 거 기댈 거	물이름 경

無一 번역 (배망면락) (동경인 낙양은)북망산을 등지며 낙수를 향해 있고,
(부위거경) (서경인 장안은)위수 아래에 위치하며 경수에 기대어 있다.

千字文 因緣日記

2016. 12. 25. 일요일 맑음

우리 한반도의 두 수도는 주변 강대국의 눈치를 보면서 전전긍긍하는 형국에 있다. 서울은 미국과 일본에 너무 기대어 있고 평양은 중국과 러시아에 온전히 의존하고 있다. 이는 민족사의 비극이며 스스로를 잘 관리하지 못한 업보(業報)이다. 구한말 서구 열강의 침입, 그리고 일본의 통치, 외세에 의한 해방과 분단, 다시 6.25 전쟁. 이러한 굴곡의 역사를 거치면서 청산하지 못한 친일, 친미, 친중, 친소의 세력들이 아직도 나라의 운명을 좌지우지하고 있다.
아침 신문에는 어제 저녁, 박근혜 대통령 탄핵 집회와 탄핵 반대 집회가 대대적으로 동시에 열렸다고 한다. 전세계 가운데, 유일한 분단국가의 명성에 걸맞는 연극이 서럽게 펼쳐지고 있다.

宮	殿	盤	鬱	樓	觀	飛	驚
집 궁 궁궐 궁	전각 전 대궐 전	소반 반 넓고큰모양 반	답답할 울 빽빽할 울	다락 루 누각 루	볼 관	날 비	놀랄 경

無一 번역
(궁전반울) 궁전은 큰 모양으로 빽빽하고,
(루관비경) 누각과 관대는 새가 날 듯하고 말이 놀라 솟구치 듯하다.

千字文 因緣日記

2016. 12. 26. 월요일 흐림

예나 지금이나 임금이 사는 궁은 화려하고 장엄스럽다. 최근에 보도된 청와대의 규모와 시설은 참으로 굉장하다. 이는 대통령의 권위의 표상이기도 하다. 그만큼 대통령은 책임이 뒤따르는 자리인데, 최근의 박근혜 · 최순실 게이트로 보면 현재 우리나라 대통령은 한심하기 짝이 없다. 청와대 그 궁궐이 아깝다. 내가 보기에는 박근혜 대통령이 사리분별과 판단능력이 부족한 것 같다. 몇백 억의 돈의 문제가 아니다.

「사드의 성급한 결정
위안부 합의
한일군사보호 협정」

이러한 일들로 인한 중국과의 무역 마찰 등을 목도하면서 지금 상태로 대통령의 권한이 정지되어 있는 것이 국가에 조금이라도 득이 된다고 본다.

점심나절에 참좋은 요양병원의 의사들과 차 모임이 있었는데 거의 다 같은 생각이었다.

圖	寫	禽	獸	畵	綵	仙	靈
그림 도 도장 도	베낄 사 그림 사	새 금 날짐승 금	짐승 수 들짐승 수	그림 화 그을 획	채색 채 비단 채	신선 선	신령 령 혼백 령

無一 번역 (도사금수) 새와 짐승을 그림으로 그렸고,
(화채선령) 신선과 신령스러운 것들을 색칠해서 그렸다.

千字文 因緣日記

2016. 12. 27. 화요일 맑음

아침, 모바일 뉴스에 역사 국정교과서 사용을 2년 유예한다고 떴다. 박근혜 정부가 한 많은 잘못된 정책 가운데 하나가 역사교과서를 무리하게 국정화 하려는 것이다. 국민 화합을 말하면서도 스스로 국민 분열을 꾀하여 온 장본인이 대통령 박근혜이다. 무능을 넘어서서 사람이 좀 모자라는가 하는 마음이 들 때가 있다.

'국가' 라는 집만 잘 지어 놓으면 재능 있는 사람들이 모여들어 그 건물에 온갖 그림을 그리고 조각품을 갖다 장식할 텐데 지금의 이 정부는 건물은 부실하게 지어 놓고 겉치레만 요란하게 하려는 추한 행동을 해댄다. 국정교과서가 어떠한 의도로 만들어졌으며 그 내용은 대충 어떨 것이라는 것은 초등학교 아이들도 다 안다. 단지 모르거나, 모른 척 하는 사람은 세상에 단 한 사람 뿐이다.

丙	舍	傍	啓	甲	帳	對	楹
남녘 병 셋째천간 병	집 사	곁 방	열 계	갑옷 갑 최고 갑	장막 장 휘장 장	대할 대 마주 대	기둥 영

無一 번역 (병사방계) (신하들이 거주하는) 병사가 (정전)곁에 열려 있고,
(갑장대영) 최고의 휘장이 마주한 기둥에 쳐져 있다.

千字文 因緣日記

2016. 12. 28. 수요일 맑음

우리나라의 청와대 구조가 잘못되었다고 한다. 즉, 대통령 집무실과 핵심 참모진과의 거리가 너무 멀다는 것이다. 그래서 일이 원활하게 안 된다고 한다. 가장 합리적인 이격거리인 25m 안으로 참모진 방을 옮길 필요가 있다. 미국 백악관은 대통령 방과 참모진 방이 15m 정도라고 하니 배울 것은 배워야 하는데 그러지 못한 것 같아 안타깝다.
지금 국가는 누란의 위기에 있다. 여기에는 박근혜 대통령의 성격상 문제인 불통이 많은 원인 중에 하나이다. 그렇다면 지금이라도 청와대 구조를 바꾸고 억지로라도 소통의 장치를 마련해야 한다.
오늘 뉴스의 핵심도 문형표 전 보건복지부 장관이 죄수복을 입고 특검에 출석하였고, 어제는 김기춘 전 비서실장, 조윤선 문화체육관광부 장관의 집이 압수수색 당하였다.

肆	筵	設	席	鼓	瑟	吹	笙
베풀 사	대자리 연	베풀 설	자리 석 돗 석	북 고 울릴 고	비파 슬	불 취	생황 생 저 생

無一 번역 (사연설석) 대자리를 깔고 (그 위에) 무늬자리를 펴서,
(고슬취생) 비파를 뜯고 저를 불었다.

千字文 因緣日記

2016. 12. 29. 목요일 맑음

문화계 블랙리스트로 인한 시위가 확산되고 있다. 오늘 아침 뉴스에서는 검은 봉지를 뒤집어 쓴 집회가 소개되었다. 참으로 가관이다. 어제는 고은 시인이 방송에 나와서 이 정부를 구역질 나는 정부라며 원색적인 비난를 해댔다. 문화계의 양심 있는 사람들까지 정권의 하수인으로 만들려는 그 비열한 행위들이 국민적 큰 저항에 부딪히고 있는 것이다. 비파를 뜯고 저를 불며, 노래하고 춤추며, 글을 쓰며 자유분방한 정신세계를 구가하는 사람들의 영혼까지 빼앗아서 도대체 무엇을 하려는지, 도무지 이해가 안 간다. 정치하는 사람들은 국민들이 스스로 신명나서 북치고 장구치며 잘 놀도록 해 주면 그만인데, 참으로 천치 바보들이다.

陞	階	納	陛	弁	轉	疑	星
오를 승	섬돌 계 계단 계	들일 납 바칠 납	섬돌 폐 천자 폐	고깔 변 말씀 변	구를 전 옮길 전	의심 의	별 성

無一 번역 (승계납폐) 계단을 오르면서 천자에게 바치려는데,
(변전의성) 고깔 움직임이 별인 듯 의구심을 낼 지경이다.

千字文 因緣日記

2016. 12. 30. 금요일 맑음

옛 역사 속의 천자의 힘은 강했다. 오늘날, 대통령 중심제의 우리나라 대통령의 힘은 무소불위(無所不爲)의 권력 자체다. 그래서 혹자는 지금의 국가적 위기는 제도 때문이라고 말한다. 일부 그러한 면은 없지 않으나 내부를 잘 들여다보면, 사실은 법을 운용(運用)하는 사람의 문제이다. 그리고 국민들이 가지고 있는 의식(意識)의 문제이다. 대통령 주위에서 온갖 허세를 부리던 사람들이 추풍낙엽처럼 나가 떨어졌다. 지금도 현재진행형이다. 권력의 무상함을 실감하고 있다. 그런데 아직도 똥오줌을 가리지 못한 사람들이 설레발이 치면서 크게 잘못한 대통령을 두둔하고 감싼다. 분명한 이성적 판단은 없고 그저 감정적 추종을 공공연히 일삼고 있다. 고깔의 움직임이 별인 듯 의구심을 낼 지경이다. 그들의 허상이 빨리 깨어지기를 바랄 뿐이다.

右	通	廣	内	左	達	承	明
오른 우	통할 통	넓을 광	안 내	왼 좌	통달할 달 이를 달	이을 승 받들 승	밝을 명

無一 번역

(우통광내) 오른쪽으로는 광내에 통하고,
(좌달승명) 왼쪽으로는 승명에 이른다.

千字文 因緣日記

2016. 12. 31. 토요일 맑음

광내전에 있는 제자백가(諸子百家)의 각종 경들이나 승명전에 있는 고금(古今)의 역사에 관한 책들은 당장의 빵과 밥은 되지 못한다. 그런데 옛 선인들이나 왕들은 여기에 통달하려고 노력하였다. 통달(通達)이란 말도 이 문장에서 나왔음을 감안하면 인문학적 소양이 얼마나 강조되었는가 하는 것을 가늠할 수 있다.

현대인들은 인생의 참맛이 책에 있는 줄을 잘 모르는 것 같다. 인간이 다른 동물에 비해 크게 잘났다는 것은 교양을 갖추고 교양 서적을 가까이 한다는 점이다. 여기 보이는 것처럼 옛날 왕의 처소는 도서관을 곁에 두고 있었다. 그런데 지금 우리나라 청와대 안에도 도서관이 있는지 심히 궁금하다. 박근혜 대통령이 책은 좀 읽는지도 궁금하다.

큰절 육화전 2층이 비어있는데, 실무진들에게 그곳에다 북카페를 열라고 지시하였다. 감포도량의 보은전 2층은 이미 북카페적 분위기가 되어 있다.

右通廣內 左達承明

旣	集	墳	典	亦	聚	群	英
이미 기	모을 집 모일 집	무덤 분 책이름 분	법 전 책 전	또 역	모을 취	무리 군	꽃부리 영 영재 영

無一 번역
(기집분전) 먼저, 분이나 전 같은 책들을 모았다.
(역취군영) 그리고 뭇 영재를 모았다.

千字文 因緣日記

2017. 1. 1. 일요일 맑음

지금 정부는 사람을 쓰는 데 실패했다. 선거에서 공약으로 제시한 탕평책도 쓰지 않았다. 인사 편중은 곧 부실인사의 오점을 남겼고, 결국 이것이 국정마비 사태를 불렀다. 제대로 공부를 한 사람들, 즉 영재를 적재적소에 잘 등용하면 국가는 잘 되게 되어있다. 대통령은 이 영재를 볼 줄 아는 안목이 필요하다. 그것도 정상적인 시스템 안에서 이루어져야 부작용이 없다. 그런데 지금의 국가사태를 잘 살펴보면, 박근혜 정부는 실패할 수밖에 없다. 사람이 중요하다. 인사(人事)가 만사(萬事)이다.

새해는 새벽부터 바빴다. 멋을 아는 신도님들이 모여 문수전 open식과 타종식, 기도를 올렸다. 임원진 등 모든 분들이 자기 역할을 한 덕분에 해돋이 법회는 원만히 잘 진행되었다.

杜	槀	鍾	隷	漆	書	壁	經
막을 두 닫을 두	마를 고 초서 고	쇠북 종	예서 례	옻칠 칠	글 서 책 서	벽 벽	글 경 경서 경

無一 번역 (두고종례) 두백도(杜伯度)의 초서(草書)와 종요(鍾繇)의 예서가 있고, (칠서벽경) 옻칠로 쓴 벽 속의 경서가 있다.

千字文 因緣日記

2017. 1. 2. 월요일 맑음

올해 포교상의 핵심은 5명 포교자에게 수여하는 세심(洗心)이다. 종무소의 독촉이 있어서 오늘부터 글을 쓰기 시작하였다. 나 자신의 두발붓 초서로 쓰는데 그런대로 쓸 만하다. 몰입해서 쓰다 보면 이 또한 큰 수행임이 느껴진다. 50명, 70명 포교한 신도님께 수여하는 반야심경과 법성게도 초서로 쓴다. 한 번 몰입하면 8폭 ~ 10폭의 병풍 소재를 후딱 써 낸다.

한편, 12폭짜리 금강경을 사경하는 데는 하루 두 시간씩 해서 열이틀 걸린다. 내 나름대로 사경 공덕도 짓고, 아울러 열심히 하는 신도님들께 포교상으로 선물까지 할 수 있어서 참 좋다. 아 참, 금강경은 150명 이상 포교한 신도님께 드릴 생각이다.

府	羅	將	相	路	挾	槐	卿
마을 부 곳집 부	벌일 라 늘어설 라	장수 장 장차 장	서로 상 재상 상	길 로	낄 협 의기로울 협	홰나무 괴	벼슬 경

無一 번역 (부라장상) (궁 밖) 마을에는 장수와 재상들의 집이 펼쳐져 있는데, (로협괴경) 길은 삼공과 경들의 집을 끼고 있다.

千字文 因緣日記

2017. 1. 3. 화요일 맑음

감포도량이 있는 이곳 대본2리는 참 아름답고 조용한 시골 동네였다. 그런데 이제는 그렇지 않다. 동네 뒷쪽에 큰 펜션이 들어서면서 동네의 기운을 짓누르는 형국이 되어버렸다. 그리고 좌청룡 우백호의 청룡능선의 끝자락을 너무 훼손하여 풍수지리설을 그렇게 신뢰하지 않는 사람들이 보더라도 외관상 아주 흉하다.

동네 사람들이 왜 애초에 이러한 불상사를 막지 못 했는가를 살펴보니 업자의 교묘한 술책이 있었다. 동네 사람들에게 앞앞이 돈을 돌렸다는 정보이다. 참으로 돈의 위력이 크다. 그 돈은 아담한 마을을 망쳤다. 그리고 동네를 끼고 있는 좁은 길이 더욱 좁아지고 자주, 운전자들끼리 실랑이가 벌어진다.

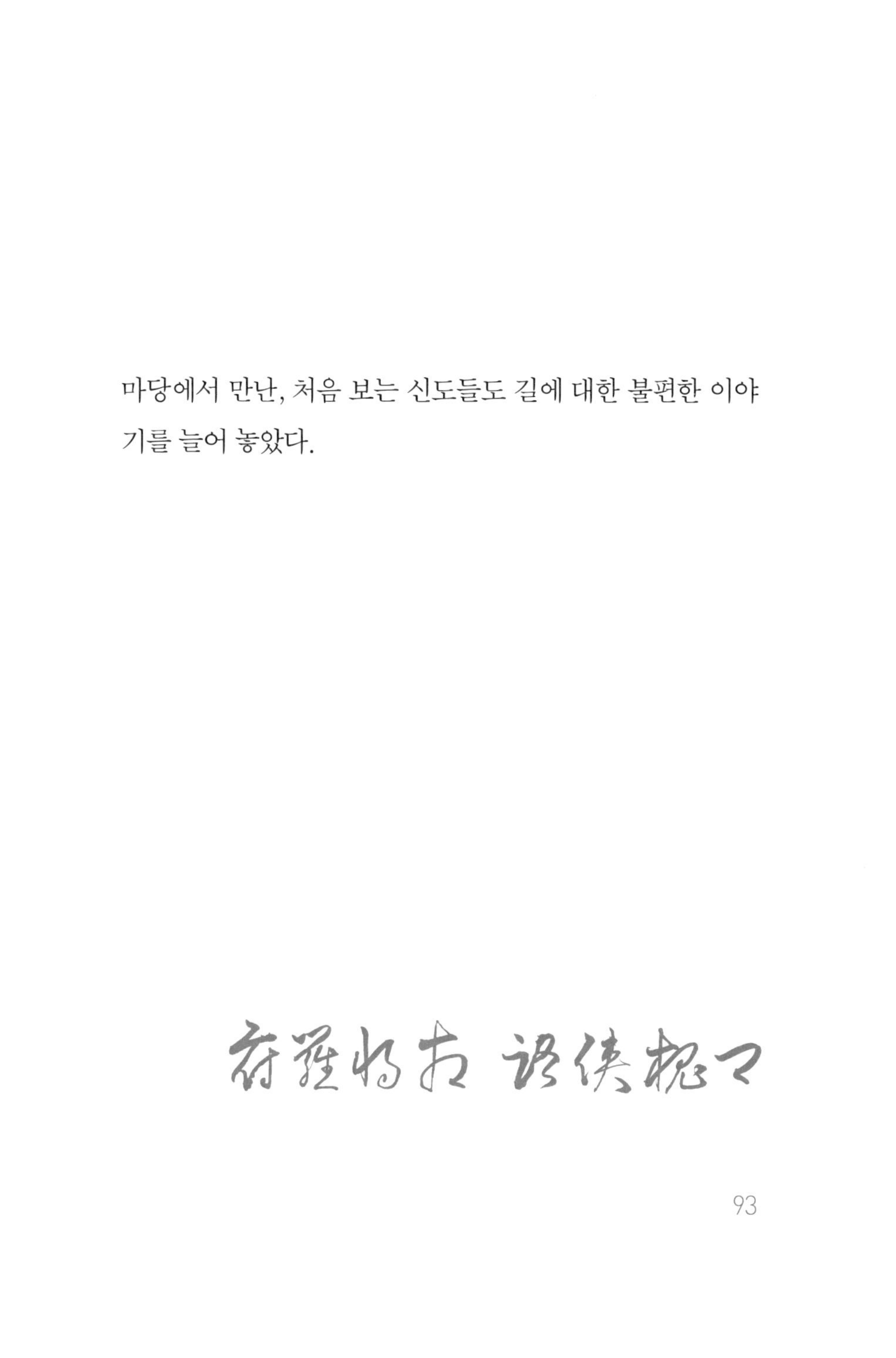

마당에서 만난, 처음 보는 신도들도 길에 대한 불편한 이야기를 늘어 놓았다.

戶	封	八	縣	家	給	千	兵
집 호 지게 호	봉할 봉	여덟 팔	고을 현	집 가	줄 급	일천 천	군사 병

無一 번역 (호봉팔현) (삼공, 대신, 장수들에게) 호구(戶口)로는 여덟 고을을 봉하였으며, (가급천병) 그 가문(家門)에게는 천 명의 군사를 주었다.

千字文 因緣日記

2017. 1. 4. 수요일 맑음

사람 살아가는 데는 조직이 필요하다. 오합지졸의 어수선한 분위기로는 어떤 것도 해낼 수 없다. 종교 또한 예외가 아니다. 주위의 절이나 불교단체가 큰 행사를 하면서 인원동원을 요청하는 빈도가 잦아졌다. 우리절이 그냥 인원이 많은 것이 아니라 조직이 있으니까 도움을 줄 수가 있다. 사찰 또는 불교대학의 조직은 사회의 조직과는 달라야 한다. 얽어매고 부자연스럽게 하는 조직이 아니라 공부하기 위한 장치로써의 조직이 되어야 한다. 그래서, 급기야는 크고 넓은 자유를 성취하는 힘으로 작동한다면 그 조직은 성공이다.

우리절의 기수별 종적 조직, 그리고 단체별 횡적 조직은 세상의 그 어떤 조직보다 체계적이고 박진감이 있다. 우리나라의 모든 사찰은 대자유와 성취를 위한 조직을 서두를 필요가 있다.
금일, 한 대선후보 캠프의 임원이 다녀가면서 우리절 조직에 크게 고무되었다.

高	冠	陪	輦	驅	轂	振	纓
높을 고	갓 관	모실 배 수행할 배	손수레 연 임금수레 연	몰 구	바퀴통 곡	떨칠 진	갓끈 영

無一 번역 (고관배연) (현관(顯官)들이) 높은 갓을 쓰고 황제 수레를 모시니, (구곡진영) 말을 몰아 바퀴를 굴릴 때마다 (그들이 쓴) 갓 끈이 휘날린다.

千字文 因緣日記

2017. 1. 5. 목요일 비

새벽마다 닭의 울음소리가 들린다. 선방 아래, 화엄동산 한 모퉁이에 닭장이 있고 너댓 마리 하얀닭이 산다. 매일 알을 하나씩 낳는데 오늘도 들여다 보니 암탉이 알을 낳느라고 딴에는 아주 용을 쓴다. 알 낳는 것도 힘든 모양이다. 이 달걀은 누가 소득을 취하는지 곧잘 없어진다.

이 닭들은 원래 대구큰절의 옥불보전 옥상, 하늘법당에 유치원 관상용으로 있었는데 새벽마다 땡고함을 지르는 바람에 동네사람들의 항의를 이기지 못하고 여기까지 오게 된 것이다. 아무튼, 닭은 새벽을 깨우는 소리와 관을 쓴 듯한 볏이 일품이다.

올해는 정유년(丁酉年) 닭띠 해이다.

한시외전(韓時外傳)의 계유오덕(鷄有五德)에도 벼슬 이야기가 나온다. 즉, 머리에 관을 쓴 것은 학문을 연상시킨다는 것이다. 올 한 해는 모든 국민이 불교책을 많이 읽고 삶의 지혜와 마음의 안정을 찾았으면 좋겠다.

世	祿	侈	富	車	駕	肥	輕
인간 세 대 세	녹 록	사치할 치 많을 치	넉넉할 부 부자 부	수레 차 수레모는말 거	수레 가 멍에 가	살찔 비	가벼울 경 빠를 경

無一 번역
(세록치부) 대대로의 녹으로 많이 넉넉하니,
(거가비경) 말은 살찌고 수레는 가볍다.

千字文 因緣日記

2017. 1. 6. 금요일 맑음

현재 우리 한국불교는 조상을 잘 만난 덕분에 살림살이가 아주 윤택하다. 전통사찰들은 입장료를 통해 그냥 앉아서 엄청난 수입을 올리고 있고, 템플스테이 운영 비용 등 별의별 명목을 붙여 국가 돈을 타내 쓰고 있다. 심지어는 부처님 오신 날 행사 비용까지 지원받고 있다.

우선 먹기엔 곶감이 달다. 이빨이 썩는 줄 모르니 큰일이다. 그 종교를 망하게 하려면 국가에서 돈을 주면 된다는 말이 있다. 현재 한국불교는 공짜 돈을 넙죽넙죽 받아먹는 바람에 자생력이 떨어졌다. 스스로 할 수 있는 힘이 없어졌다.

이는 곧, 신도 수의 급감으로 이어졌다. 먹고 살 만한 전통사찰에서는 신도 단련을 할 필요성을 못 느끼는 것 같다. 10년 사이에 불자가 300만 명 떨어졌다는데도 그렇게 심각

성을 느끼지 않는다.
오후, 전통사찰의 주지인 한 스님과 통화를 하는데, 스님은 신도 급감을 남의 집 불구경하듯 얘기한다. 감각 없음, 즉 무기(無記)가 신도 급감보다 더 큰일이 아닐 수 없다.

策	功	茂	實	勒	碑	刻	銘
꾀 책 채찍 책	공 공	무성할 무 힘쓸 무	열매 실 충실 실	굴레 륵 새길 륵	비석 비	새길 각 시각 각	새길 명 기록할 명

無一 (책공무실) 공 이루기를 꾀하여, (결과가)무성하고 충실하면,
번역 (륵비각명) 비에 새기는데 명문(銘文)으로 파 놓았다.

千字文 因緣日記

2017. 1. 7. 토요일 흐림

광화문 박근혜정권 퇴진 촛불집회에서 정원 스님이란 분이 분신을 시도하여 중태에 빠졌다는 소식이다. 그의 이름은 실시간 검색어 1위에 올랐다. 비에 새기는 것보다 더 야무지게 온 인터넷을 도배할 정도이다. 크리스천 투데이 등 기독교계 신문에서도 대서특필하고 있다. 정원 스님은 분신 장소의 스케치북에 "나의 죽음이 헛되지 않기를…… 나의 죽음이 어떤 집단의 이익이 아닌 민중의 승리가 돼야 한다"고 적었다.

보통 사람이 흉내낼 수 없는 비범한 행동이다. 그의 소신공양의 진의(眞意)가 왜곡되지 않기를 바랄 뿐이다. 나무관세음보살.

磻	溪	伊	尹	佐	時	阿	衡
돌 반 시내 반	시내 계	저 이 어조사 이	믿을 윤 다스릴 윤	도울 좌	때 시	언덕 아	저울 형

無一 (반계이윤) 반계와 이윤은,
번역 (좌시아형) 시국을 도운 재상이다.

千字文 因緣日記

2017. 1. 8. 일요일 흐림

난세에 영웅이 나온다는 말이 있는 것처럼 시국이 이렇게 어수선하지만 틀림없이 국가를 반듯하게 세울 위인이 나타날 것이다. 또한, 한국불교가 이렇게 맥없이 주저앉는 것처럼 보이지만 틀림없이 불국토를 이룰 대보살이 나타날 것이다. 어쩜, 촛불을 든 연 인원 천만 명이 모두 다 시국을 돕는 재상이라 할 수도 있다. 촛불집회에 나가지 않으면서도 마음으로나마 응원을 하는 대다수 국민들이 시국을 돕고 있는 재상일 수도 있다. 대통령을 잘 보좌하지 못한 현재 무능한 재상들 보다 낫다. 신년교례회와 포교발대식에 참석한 한국불교대학 大관음사의 핵심요원, 그리고 직책을 가지지 않아 동참하지 못한 일반 신도들까지 모두 다 한국불교 중흥의 대보살들이다. 대보살들은 올해 신입생 목표를 만사백 명으로 잡고 있다.

奄	宅	曲	阜	微	旦	孰	營
문득 엄 오랠 엄	집 택 안정시킬 택	굽을 곡 곡조 곡	언덕 부	작은 미 아닐 미	아침 단 밝을 단	누구 숙	경영할 영 지을 영

無一 번역
(엄택곡부) 곡부를 어루만져 안정시키니,
(미단숙영) 단이 아니면 누가 다스렸겠는가?

千字文 因緣日記

2017. 1. 9. 월요일 맑음

세상을 안정시키는 사람은 위대하다. 그런데, 진정으로 위대한 자는 자기자신을 잘 다스려 스스로 안정을 찾는다. 스스로 안정을 찾지 못한 사람은 세상을 다스릴 자격이 없을 뿐아니라 자기 한 사람으로 인해 많은 사람들에게 피해를 끼친다.

현재, 박근혜 대통령은 국회로부터 탄핵을 받았다. 스스로 불안한 사람이다. 때문에 대통령 주위에서 일하던 수많은 사람들이 다쳤다. 이 정도 되면 모든 걸 놓아버리고 내려올 법도 한데 그까짓 권좌가 무엇이길래 온갖 수단을 써서 버티고 있다. 진정으로 국가와 민족을 위한다면 자신의 무능으로 인해 초래된 국정 공백의 기간을 줄여주어야 한다.

오늘은 조윤선 문화체육부장관이 국회 청문회에 불려 나와 온갖 수모를 당했다. 보기에도 민망하다.

桓	公	匡	合	濟	弱	扶	傾
굳셀 환	공변될 공 귀인 공	바로잡을 광	합할 합 모일 합	건널 제 건질 제	약할 약	붙들 부	기울어질 경

無一 (환공광합) (제나라의) 환공은 (천하를) 바로잡고 회합시켰으며,
번역 (제약부경) 약한 사람은 구제하고 기울어지는 사람은 붙들어주었다.

千字文 因緣日記

2017. 1. 10. 화요일 맑음

세상 돌아가는 이치는 예나 지금이나 별반 차이 없다. 국가는 그 나라의 왕이 하기 나름이고 단체는 그 모임의 장이 하기 나름이다. 왕이나 장은 통합의 능력이 있어야 하고 아울러 자비심이 있어야 한다. 박근혜 대통령은 심각한 권위의식에 빠져 불통(不通)의 이미지로 욕을 먹다가 결국 탄핵을 맞는 사단을 불렀다.

대통령의 처지가 곤란해지자 오히려 국민들은 통합되는 아이러니가 연출되고 있다. 대통령이 욕을 먹는 또 하나는 세월호 사건 때문이다. 수백 명이 갇힌 배가 기울어져 물속에 엎어지고 있는데, 국민의 안전을 책임져야 할 대통령은 아무 대책을 내놓지 못 하였다. 상당수 국민들은 대통령이 피눈물도 없는 몰인정하고 무자비한 사람이라고 말한다. 오늘 뉴스에 대통령의 세월호 7시간 사건의 비중이 크다.

綺	回	漢	惠	說	感	武	丁
비단 기	돌아올 회 돌 회	한수 한 한나라 한	은혜 혜	기뻐할 열 말씀 설	느낄 감 감동 감	호반 무 굳셀 무	고무래 정 장정 정

無一 번역 (기회한혜) 기리계(綺里季)는 한나라 혜제(惠帝)를 돌아오게 하였고, (열감무정) 부열(傅說)은 무정(武丁)을 감동시켰다.

千字文 因緣日記

2017. 1. 11. 수요일 맑음

돌아오게 하는 일은 중요하다. 밖을 향해 치닫는 내 마음을 잡드리해서 본 고향으로 돌아오는 것이 수행인데, 보통 중생의 마음들은 야생에 길들여져 그 일이 결코 쉬운 일이 아니다. 어렵다 하더라도, 잃어버린 건강을 회복하듯이 - 조금이라도 생각이 있는 사람이라면 본래의 자리로 돌아가리라는 마음만은 내어야 한다.

그러한 보리심이 꺼지지 아니할 때 언젠가는 건강한 자기 부처를 회복한다. 그것이야 말로 진정한 감동이다. 스스로가 스스로를 감동시킬 때 가장 가치 있는 감동이며, 진실한 감동이다.

TBC의 무문관 제작진들이 이미 TV에 방송되었던 '무문관' 을 영화로 만들기 위해, 다시 선방을 찾았다. 바라건대,

많은 사람들이 이 무문관을 통하여 자신의 참마음을 회복하려는 마음을 내고, 나아가 스스로 감동받는 시간들이 되길 바란다.

俊	乂	密	勿	多	士	寔	寧
준걸 준 뛰어날 준	벨 예 뛰어난이 예	빽빽할 밀 차근차근할 밀	말 물 정성스러울 물	많을 다	선비 사	이 식 참 식	편안할 녕 어찌 녕

無一 번역 (준예밀물) 준걸한 인재가 부지런히 일을 하였음으로,
(다사식녕) 많은 사람들이 참으로 편안하였다.

千字文 因緣日記

2017. 1. 12. 목요일 맑음

윗대가리에서 일을 해야 아랫사람들이 살 만하다는 것은 고금의 진리이다. 가정에서는 가장이 부지런하면 식속들 모두가 살 만하고, 국가는 위정자들이 부지런하면 국민들이 살 만하다. 그리고 절 집안에서도 스님들이 부지런하면 신도들이 더욱 환희심을 내고 신행(信行)에 열중한다. 사회의 모든 단체가 다 마찬가지이다. 우리절 한국불교대학 大관음사 산하에는 많은 기관이 있는데, 잘 들여다보면 잘되는 곳은 잘될만한 이유가 있다. 당연히 그 이유는 리더의 위치에 있는 사람이 부지런하다. 리더가 그 분야에서 인정을 받고 수하 사람들로부터 존경을 받으려면 끊임없는 탐구를 통해 충분한 내공(內功)을 쌓으면서 손, 발이 다 닳도록 뛰어다니는 실천력이 있어야 한다. 오후에 만난 NGO B.U.D의 후원회 신도들과도 이런 얘기가 있었다.

晉	楚	更	覇	趙	魏	困	橫
나라 진	나라 초	번갈을 경 다시 갱	으뜸 패 패왕 패	나라 조	나라 위	곤할 곤 곤궁할 곤	가로 횡 거스릴 횡

無一 번역 (진초경패) 진나라와 초나라는 번갈아 패권을 잡았고,
(조위곤횡) 조나라와 위나라는 연횡설로 인해 곤란을 겪었다.

千字文 因緣日記

2017. 1. 13. 금요일 맑음

대한민국은 큰 혼돈에 빠져있다. 표면상으로는 크게 드러나 있지는 않지만, 친미(親美)파와 친중(親中)파가 크게 한판 붙을 태세이다. 탄핵을 요구하는 집단과 탄핵을 반대하는 집단의 속을 들여다보면 금방 그 성격들이 드러난다. 난세의 영웅은 이 둘을 잘 조정, 규합하고 중도적(中道的)인 혜안(慧眼)을 가진 자라야 한다.

지금의 한국 정당들은 국익보다는 개인의 영달 때문에 이합집산하는 행태를 보이고 있다. 보수와 진보의 이념적 대립도 남북관계의 화해, 국민자존(國民自尊)의 회복을 떠나서는 아무런 의미가 없다. 아이러니한 것이 정치가 국가와 국민을 너무 힘들게 하는 것이 사실이지만, 정치를 통하지 않고는 할 수 있는 일 또한 없다. 그래서 민초(民草)들이 깨어 있지 않으면 안 된다.

假	途	滅	虢	踐	土	會	盟
빌릴 가	길 도	멸할 멸	나라 괵	밟을 천	흙 토	모을 회	맹세 맹

無一 번역 (가도멸괵) (진의 헌공은 우나라의) 길을 빌려 괵나라를 멸하였고, (천토회맹) (진의 문공은) 천토에서 회맹하였다.

千字文 因緣日記

2017. 1. 14. 토요일 맑음

수행과 공부를 제대로 하는 사람들에게는 날씨 등의 환경이 그렇게 문제되지 않는다.

오늘이 올 겨울 들어 제일 춥다. 한낮의 기온이 영하에 머물고, 절 정원의 연못은 얼어붙었다. 이런 혹독한 한파에도 불구하고 1박2일 명상힐링캠프에 참여한 기(期)가 있으니 대구큰절 181기이다. 수행과 공부를 제대로 하는 팀이라는 생각에 더욱 많은 대화를 나누었다.

4년 전, 내가 무문관에 들어오는 핑계로 공부 시작한 지 두 달만에 그냥 내버려두고 온 기수인데 오늘 보니, 스스로 단합하면서 잘 꾸려왔다.

산행을 끝내고 종무소에서 보이차를 마시는 중, 합의에 의해 기 이름을 정초(正初)라고 명명하였다. 바르게 살아왔으며 정유년, 가장 처음 명상힐링캠프에 참여한 기라는 의미인데, 아주 잘 지어졌다. 뼈골 에이는 추위 있어서 코 끝 찌르는 매화 향기 맡을 수 있다 하였으니, 시간을 잘 견뎌온 만큼 앞으로 크게 기대되는 기이다. 181기 정초회, 회맹의 의미가 자못 크다.

何	遵	約	法	韓	弊	煩	刑
어찌 하 무엇 하	좇을 준 따를 준	검소할 약 간략할 약	법 법 본받을 법	나라 한	폐단 폐 곤할 폐	번거로울 번	형벌 형 법 형

無一 번역
(하준약법) 소하는 간략한 법으로 따르게 하였고,
(한폐번형) 한비자는 번거로운 법으로 피곤하게 하였다.

千字文 因緣日記

2017. 1. 15. 일요일 맑음

법은 필요하다. 그런데, 법이란 잘하고 있는 사람에게는 별로 소용없다. 그렇다고 해서 법이 없으면 무법천지가 되고 말 것이다. 중생에게는 자기 자신만의 이익과 편리함만을 추구하는 업(業)이 이미 고착화하고 있기 때문에 전체 공동체의 유지와 관리를 위한 가이드라인은 있어야 한다. 하지만 그 법이 너무 억세어서 자율권을 침해하거나 일하는 재미를 상실케 한다면 법은 오히려 부작용을 초래한다.

특히, 절 법이 그러하다. 최근 조계종에서는 법인관리법을 만들어서 기존 운영되고 있는 법인들을 강하게 통제하려는 억지수를 부리다가 거의 분종에 가까운 사태를 맞았다. 재단 법인 선학원, 법보선원 등 많은 법인들이 종단에서 떨어져 나가 버렸다. 차기 집행부가 풀어야 할 숙제가 되었다.

아무튼, 종교에서도 법은 필요하다. 종교에서의 법은 구속보다는 더 많은 자유를 부여하는 쪽이 좋다.
저녁나절, 세계명상센터 작업현장을 둘러보면서 '열심히 하는 사람들에게는 법이 필요없구나' 하는 것을 느끼게 된다. 공사업자가 내 집 짓듯이 일을 하는 정성이 역력하다. 설날 전에는 준공 검사가 떨어질 것 같다.

起	翦	頗	牧	用	軍	最	精
일어날 기	자를 전 가위 전	자못 파 치우칠 파	기를 목 다스릴 목	쓸 용	군사 군	가장 최	정할 정 세밀할 정

無一 번역 (기전파목) 백기와 왕전, 염파와 이목은
(용군최정) 군사를 씀이 가장 정교하였다.

千字文 因緣日記

2017. 1. 16. 월요일 맑음

고고도 미사일, 즉 사드 설치 문제로 다시 말들이 많다. 오늘 뉴스에는 성주 골프장의 주인인 롯데가 중국으로부터 많은 압박을 받고 있다며 경기도의 국가 땅과 맞교환 하는 것에 대해 곤란한 입장을 피력했다. 그 나타난 현상이 이사회의 무기 연기이다.

한편, 대선에 출마하려는 소위 잠룡들은 사드 문제를 들고 나와 인심(人心)을 끌려고 한다. 그런데 이 잠룡들의 사고방식이 아주 편협되어 있다. 즉, 사드 설치를 찬성하면 보수의 표를 얻을 것이라고 생각하고, 사드 설치를 반대하면 진보의 표를 얻을 것이라고 생각한다. 그런데 그건 아니다. 사드 설치 결정 과정을 살펴보는 것이 중요한데, 이 문제를 간과하고 있다.

특히, 더욱 중요한 점은 사드가 진정 우리나라를 위한 것인가? 사드 설치 이후 국제관계에서 우리나라가 어떤 불이익을 받을 것인가? 이러한 점들을 고찰하는 것은 보수, 진보의 문제가 아니다. 그저 국익적인 측면에서 진단해야 한다. 사드 설치의 잡음은 박근혜 정부의 외교 실책이다. 아예 미국의 제안에 응하지 않았어야 한다. 지금 정부는 군(軍)을 운용(運用)함에도 미련하기 짝이 없다. 그까짓 사드 설치하고 나서 먹고 살기 힘들어지면 무슨 꼴인가. 롯데 이사회의 고민을 이해 할 만하다.

宣	威	沙	漠	馳	譽	丹	靑
베풀 선 선양할 선	위엄 위 위세 위	모래 사	아득할 막	달릴 치 전할 치	기릴 예 명예 예	붉을 단	푸를 청

無一 번역 (선위사막) 위세를 사막까지 선양하였는데,
(치예단청) 단청의 그림으로 명예를 전하였다.

千字文 因緣日記

2017. 1. 17. 화요일 맑음

후불탱화를 비롯하여 많은 부처님 그림으로 우리절의 곳곳을 장엄하는 수정화 보살이 또 한 묶음의 그림을 들고 왔다. 구미도량의 후불탱화를 다시 그리는데, 이제 마무리 중이라며 회주인 나에게 보여주려고 가지고 온 것이다.

한마디로 그림이 참 대단하다. 특별히 배우거나 전공한 것도 아닌데 웬만한 미술쟁이는 저리가라다. 그 기법이 파스텔톤으로 부드러움이 있어서 보는 이들이 다 좋아한다. 수정화 보살은 그림 그리는 데 취미가 있어 보인다. 더욱이 천부적인 소질이 있다. 수정화 보살의 경우를 보면, 분명히 과거 전생부터 해왔던 업의 습기가 있다.

현재세를 가장 잘 사는 방법은 과거세의 업의 방향이나 빛깔을 잘 살펴볼 필요가 있다. 그것을 알기만 하면 그건 정말이지 대박이다.
나는 중 · 고 시절부터 장차 스님이 될 것이라고 공공연히 말하고 다녔는데, 지금 승복을 입고 앉아있으니 이는 과거세의 업과 상관성이 있다. 이 생에서 스님이 된 것이 확실히 우연이 아니다.

九	州	禹	跡	百	郡	秦	幷
아홉 구	고을 주	임금 우	자취 적	일백 백	고을 군	나라 진	아우를 병 합할 병

無一 (구주우적) 아홉 고을은 우 임금의 자취요,
번역 (백군진병) 백 개 군은 진나라의 아우름이다.

千字文 因緣日記

2017. 1. 18. 수요일 맑음

사람이 사는 데는 영역이 있다. 그 영역의 크기는 지혜의 크기와 비례한다. 억지로 영역을 넓히려고 하다 보면 부작용이 생긴다. 저절로 팽창이 되어야 한다.

저녁 7시, NGO B.U.D의 이사회 회의가 있었다. NGO 활동이 2~3년 간 거의 정지되어 있다. 우리절의 역량에 비해 너무 넓은 범위로 활동하려는 의욕만 있고 성과는 거의 없는 결과를 낳았다. 그래서 앞으로는 해외 NGO활동을 줄이고 국내 사업을 하겠다고 발표하였다.

즉, 감포도량 인근에 초등학교 과정의 대안학교를 설립, 운영할 계획이다. 먼 곳의 사람들을 돌보는 것도 중요하지만, 가까이에서 살고 있는 우리 민족의 힘들고, 어려운 부분을 같이 고민, 해결하는 NGO가 더 중요할 것이라는 확신이

든다. 부지를 확보하는 일이 가장 급선무인데 학교 개교까지는 3~4년이 족히 걸릴 것 같다. 학교가 설립되면 불교계 최초의 대안학교가 될 것이다.

嶽	宗	恒	岱	禪	主	云	亭
큰산 악 멧부리 악	마루 종	항상 항	뫼 대 큰 대	참선 선 선제를지낼 선	임금 주 주로 주	이를 운	정자 정

無一 번역 (악종항대) 오악(五嶽)은 항산(恒山)과 대산(垈山)을 마루로 하는데, (선주운정) 선제(禪祭)는 주로 운운산(云云山)과 정정산(亭亭山)에서 지낸다.

千字文 因緣日記

2017. 1. 19. 목요일 맑음

불교는 참선과 기도를 마루로 삼는다. 그래서 사찰에서는 참선을 하는 선방과 기도를 하는 기도법당을 운영한다. 그런데 이 둘은 서로 양립할 수 없는 것처럼 보여진다. 실제로, 우리 불자들은 기도하면서도 참선을 그리워한다. 그리고 참선을 하면서 답답한 일이 생기면 기도에 기웃거린다. 그리하여 어느 한 쪽에도 몰입하지 못한다.

이 문제점을 간파하고 15년 전부터 내가 가르치고 있는 수행법이 선관쌍수이다. 즉, 선관쌍수는 참선과 기도를 아우른다. 1월달 1학년 저녁반 특강으로 선관쌍수의 네 단계 가운데 두 단계를 가르쳤다.

한편, 절에는 세속에서의 제사의 의미를 가지는 재(齋)를 지낸다. 재는 윤회를 받아들이는 불교의 입장에서 영혼의 왕생극락을 발원하는 중요한 의식이다. 스케줄을 보니 내일은 49주 천도재가 있다.

雁	門	紫	塞	鷄	田	赤	城
기러기 안	문 문	붉을 자	변방 새 막을 색	닭 계	밭 전	붉을 적	재 성 성 성

無一 번역 (안문자새) 안문과 자새,
(계전적성) 계전과 적성.

千字文 因緣日記

2017. 1. 20. 금요일 눈, 맑음

지명(地名)을 잘 살펴보면 선조들의 선견지명이나 혜안이 예사롭지 않음을 느낄 수 있다. 저녁나절에 한 바퀴 돌고 온 '연대산', 산 이름도 참 신기하다. 연대산은 한자로 蓮台山인데, 연대란 부처님이 앉아 계신 대좌(臺座)를 일컫는다. 이름에 비추어보면, 현재의 우리절 한국불교대학 大관음사 감포도량이 연대산에 들어선 것은 필연적 운명임이 분명하여 10여 년 전에 연화대(蓮華台) 닮은 지극히 편안한 산을 깔고 10년 전에, 우리나라 최고의 선방인 무문관(無門關)이 올라섰다. 그리고 우리나라 최초의 현대식 세계명상센터가 금방 들어섰다. 앞으로 계획에는, 불교계로는 처음이 될 초등학교 과정 대안학교 설립이 있다. 또한, 실버타운 조성도 구상 중이다. 연대산, 연화대 위에 바야흐로 부처님 마을 공동체가 형성되고 있다.

昆	池	碣	石	鉅	野	洞	庭
맏 곤 많을 곤	못 지	비 갈 우뚝선돌 갈	돌 석	클 거 톱 거	들 야	골짜기 동 고을 동	뜰 정 조정 정

無一 (곤지갈석) 곤지와 갈석,
번역 (거야동정) 거야와 동정.

千字文 因緣日記

2017. 1. 21. 토요일 맑음, 매우 추운 날씨

우리절 한국불교대학 大관음사 감포도량의 앞쪽 마을 이름이 대본리(大本里)이다. 大本(대본)이라면 우리말로 '큰 근본' 인데, 삶에 있어서 무엇이 큰 근본일까. 그건 당연히 참마음이다. 나의 마음이야말로 우주의 근본이요, 세상살이의 근본이다.

무슨 연유로 예전부터 대본리라고 했는지는 모르겠으나 나는 수십 년전 처음 대본이라는 지명을 듣고는 대단히 불교적이라는 생각이 들었다. 대본은 참마음의 다른 표현이라고 해도 맞기 때문이었다.

이 대본(大本)의 마을에 참마음을 찾고 참마음의 삶을 살 수 있는 공간이 생긴다. 이름하여 '해변힐링마을' 이다. 5층 건물에 연면적 4000여 제곱미터의 수행센터가 만들어지면 이는, 대본리의 이름에 걸맞는 대본 명물이 될 것이다. 청정하고 넓은 동쪽의 바다를 바라보며, 낮에는 일면불(日面佛)을 찬탄하고 밤에는 월면불(月面佛)을 읊조릴 때, 해변힐링마을을 찾는 모든 이의 마음에 해와 달 같은 밝은 지혜가 가득하게 될 것이다.

어제, 건물 짓는 허가가 떨어지고 설계 비용을 중간 정산하였다는 실무자의 보고이다. 좋은 세상이 다가오고 있다.

曠	遠	綿	邈	巖	峀	杳	冥
빌 광 넓을 광	멀 원 멀리할 원	솜 면 이어질 면	멀 막 아득할 막	바위 암 바위굴 암	바위굴 수 멧부리 수	아득할 묘 깊을 묘	어두울 명 그윽할 명

無一 번역 (광원면막) 넓고 멀어 아득하게 이어져 있으며,
(암수묘명) 바위 동굴은 깊고 어둡다.

千字文 因緣日記

2017. 1. 22. 일요일 맑음

참으로 아득하게 이어진 인연이 잠자는 밤 사이에 행운을 안겨주었다. 깊고도 어두운 무문관 뜰에 내린 하얀 눈이다. 행운은 예고도 없이 찾아와 하릴없는 사람을 바쁘게 한다. 작은 휴대폰 가득 사진을 찍느라 아침부터 발에 땀났다.
언제나 부족함이 있는 것처럼 행운이 그리 넉넉지는 못하였다. 올해 최고로 많이 달린 배풍등 열매에 눈 펑펑 내려서 설하홍의 기쁨을 만끽하였으면 더욱 좋았으련만, 행운처럼 첫눈은 빨간 열정을 완전히 덮지는 못하였다. 하지만, 눈 오지 않는 감포의 사정상 이쯤으로도 감지덕지이다. 바삭바삭 언 눈을 밟는 소리며, 도자기 작품 위에 감질나게 얹힌 눈 빛깔이 인드라망의 조화이다.
오후에는, 아득하게 이어 온 우리절의 최초 신행단체, 합창단의 신임 임원진 접견(接見)이 있었다.

治	本	於	農	務	玆	稼	穡
다스릴 치	근본 본	어조사 어	농사 농	힘쓸 무	이 자	심을 가	거둘 색

無一 (치본어농) 다스림은 농사에 근본을 두었다.
번역 (무자가색) 이에 심고 거둠에 힘썼다.

千字文 因緣日記

2017. 1. 23. 월요일 맑음, 최고 한파

불교에서도 농사가 있다. 그 농사의 두 가지는 수행과 전법이다. 수행과 전법은 출, 재가를 따질 문제가 아니다. 수행농사를 제대로 짓지 않으면 평생 불교와 인연 짓고도 나중에는 수확할 것이 아무것도 없다. 수행농사에는 경전공부, 참선, 기도 등이다.

한편, 전법 즉 포교 농사를 제대로 짓지 않으면 아무리 오래되고 수승한 종교가 불교라지만, 끝내 맥을 못추고 화석화되고 만다. 전법농사에는 불서(佛書) 발간, 신입생 포교, 교육 및 복지 불사 등이 있다.

아무튼, 수행과 전법의 농사를 잘 지어야 하는데, 지금의 현실은 그렇지 않다. 참된 수행을 하는 자는 적고 전법, 포교는 잘 되지 않아 불교 인구 수가 감소하고 있다. 다 자업자득(自業自得)이다.

날씨가 무지 춥다. 무문관에 틀어박혀 오는 2, 3월의 공부 일정 맞추기에 머리를 쥐어짜고 있다.

俶	載	南	畝	我	藝	黍	稷
비로소 숙 비롯할 숙	실을 재 일 재	남녘 남	밭이랑 무	나 아 우리 아	재주 예 심을 예	기장 서	되 직

無一 (숙재남무) 비로소 남녘의 밭이랑에서 일을 시작하여,
번역 (아예서직) 우리는 기장과 되를 심었다.

千字文 因緣日記

2017. 1. 24. 화요일 맑음

우리절이 여기까지 오기에는 각고의 노력이 있었다. 그리고 개인 신도들의 적극적인 협조가 있었다. 처음 포교 일을 시작할 때는 모든 상황이 열악하였다. 전세 3천만 원에 월 50만 원 조차 벅찼다. 그래서 나는 현수막을 직접 붙이러 전봇대에 올랐고, 밤이 늦도록 전단지를 차 유리에 꽂으며, 담벼락에 벽보를 붙였다. 그때는 4층 건물의 전세 4층에서 땅을 내려다보며, 언제 땅을 딛고 초파일 연등을 달아보나 하고 한숨지었다.

곧 좋은인연 출판사를 설립하고 책을 내기 시작하였는데, 신도님들은 스스로의 체면과 상(相)을 내려놓고, 당시에 출간한 『저거는 맨날 고기 묵고』 책을 팔러 이리저리 쏘다녔다. 그래서, 보리수 나무를 심어 그 열매로 염주를 꿰듯이,

지금의 우리절이 그때 수종이 좋은 튼튼한 전법(傳法)나무를 잘 심은 게 분명하다.
오전 내내 종무소 직원들과 통화하면서 신입생 포교 유인물을 점검하노라니 예전의 일들이 파노라마처럼 뇌리를 스친다.

稅	熟	貢	新	勸	賞	黜	陟
세금 세 집세 세	익을 숙 익힐 숙	바칠 공 공납 공	새 신 처음 신	권할 권 힘쓸 권	상줄 상	내칠 출 떨어뜨릴 출	오를 척 올릴 척

無一 번역 (세숙공신) (관리가) 익은 곡식을 징세하여 새로운 산물을 공납하면, (권상출척) (군주는) 타이르고 상 주되 내치기도 하고 올려 주기도 한다.

千字文 因緣日記

2017. 1. 25. 수요일 맑음

상(賞)은 어른, 아이 할 것 없이 다 좋아한다. 상은 '열심히 더 잘 살아라' 라는 방편일 수 있다. 우리 불교대학에서도 상을 주는데, 특히 포교상은 아주 푸짐하다. 포교를 잘 하지 않는 불교인들의 특성을 감안하여, 상이라도 많이 주어 포교를 독려하려는 의도에서다.

이번에는 특별히, 5명에게 주는 포교상으로 지난 천일동안 무문관 안에서 기른 머리카락을 잘라서 만든 붓으로 쓴 세심(洗心)이란 글씨이다. 물론 고급 액자에 넣어서 시상한다. 또한, 정말 대단한 포교상품을 하나 개발하였는데, 그것은 전통 된장이다. 감포의 좋은 공기, 좋은 물로 된장을 담그면 분명히 명품의 된장이 된다.

이 된장은 판매용이 아니라 포교상품이다. 그래서 아예 '포교 전통 된장' 이라고 명명하였다. 포교 7명을 한 불자에게 작은 용기로 한 단지씩 포상할 계획이다. 음력 설 쇠고 곧 된장을 담글 계획이다. 이미 큰 장독 300개를 준비해 두었다.

孟	軻	敦	素	史	魚	秉	直
맏 맹 성 맹	맹자이름 가 차축 가	도타울 돈 힘쓸 돈	바탕 소 휠 소	사기 사	물고기 어	잡을 병	곧을 직

無一 번역 (맹가돈소) 맹자는 바탕을 도탑게 하려 했고,
(사어병직) 사어는 올곧음을 지니려고 했다.

千字文 因緣日記

2017. 1. 26. 목요일 맑음

열반경(涅槃經)에서는 일체중생 개유불성(一切衆生 皆有佛性)이라 하였고, 유마경(維摩經)에서는 직심시도량(直心是道場)이라고 하였다. 일체 모든 살아 있는 존재는 부처의 성품을 갖고 있으니 이보다 더 희망적인 말은 없다.

오늘 BTN 방송을 겸한 제1학년 금강경 특강에서 마침 여래오어(如來五語)가 나왔다. 여래오어, 즉 부처님 말씀의 다섯 가지 특징 가운데 첫 번째가 진어(眞語)이다. 진어의 핵심은 일체중생 개유불성이다.

한편, 제작년 포교상으로 많이 그렸던 그림의 하나가 왕대였는데, 그 왕대 옆에 직심시도량이라고 글을 썼다. 직심(直心)은 실상(實相)을 직시하는 마음이다. 우리는 살아가면서 세상의 실다운 모습, 즉 진실을 똑바로 볼 수 있는 깨

어 있음이 필요하다.

천자문의 여기, 돈소(敦素)와 병직(秉直)의 의미를 불교의 가르침과 비유하여 깊이 사색할 만하다.

孟軻敦素 史魚秉直

庶	幾	中	庸	勞	謙	謹	勅
거의 서 바랄 서	몇 기 가까울 기	가운데 중 맞을 중	떳떳 용 용렬할 용	수고로울 로 공로 로	겸손할 겸	삼갈 근	칙서 칙 경계할 칙

無一 번역

(서기중용) 중용에 가깝기를 바란다면,
(로겸근칙) 공로에도 겸손하며 삼가 (스스로) 경계하라.

千字文 因緣日記

2017. 1. 27. 금요일 맑음

추운 날씨 핑계대고 산을 가지 않은 지 며칠째다. 산에 살면서 산타령을 하는 게 아이러니 하겠지만, 산이 진정 나의 산이 되려면 산을 느끼며 휘적휘적 걸어야 한다.

오늘은 산과 오래 같이 있기로 작정하고 길을 나섰다. 남매탑을 지나 몇 개의 언덕을 오르내리면서 산과 나는 깊은 숨을 교감하였다. 산 정상 가까이 가니 깔끔하게 정리된 이정표가 친절한 사람처럼, 산사람을 맞는다.

무일봉(無一峰)을 향하지 않고 관음봉 쪽을 택하니 곧바로 산불 감시 초소가 나타난다. 예전에 가끔 만났던 초소장 처사와 부담 없이 이야기를 나누는데, 얼마나 진솔하고 담백한지 산을 지킬 만한 자격이 있는 분이라는 생각이 새삼 들었다. 어쩜, 산에 살다 보니 그러한 인격이 갖추어졌을 지도 모른다.

처사님은 헤어지는 차에, 초소의 비상금으로 가지고 있을 지폐를 한 움큼 내와서는 객비처럼 건넸다. 물론, 나는 한사코 그것을 거절하였다. 커피라도 한 잔 하시라는 말씀을 뒤로 하고 양북 삼거리 쪽으로 방향을 잡아 걷자니, 오랜만에 사람다운 사람의 향기가 길게 내 발자국을 따라왔다.

중용, 겸손, 그리고 스스로의 경계, 이따위 말이 다 구차할 뿐이다.

聆	音	察	理	鑑	貌	辨	色
들을 령	소리 음 말소리 음	살필 찰 몰 찰	다스릴 리 이치 리	거울 감 볼 감	모양 모	분별할 변 판단할 변	빛 색 낯 색

無一 번역 (영음찰리) 말소리를 듣고 이치를 살피며,
(감모변색) 용모를 보고 그 기색(속마음)을 분별한다.

千字文 因緣日記

2017. 1. 28. 토요일 맑음

벽암록에 보면 견색명심(見色明心), 문성오도(聞聲悟道)라는 말이 있다. 형체, 색깔을 보고 마음을 밝히며, 소리를 듣고 도를 깨친다는 뜻이다. 꼭 불교 경전을 빌리지 않더라도 세간에는 진리적 말씀들이 얼마든지 많다. 그리고 깨달음의 세계에서는 그 궁극의 자리가 공유되어진다는 것을 알 수 있다. 누가 말했는가, 어느 종교에서 말했는가가 중요한 것이 아니라 그 말들이 얼마나 진리적인가 하는 것이 중요하다.

오늘이 음력 1월 1일, 설날이다. 저녁 시간을 통해 시자를 데리고 통도사 은사 스님께 다녀왔다. 은사 스님은 염려했던 것보다 훨씬 강건하셨다. 말씀도 좋으시고 용안도 편안하셨다. 은사 스님은 평소 평범한 말씀 속에서 큰 가르침을 내리시며, 평소 늘 하시는 일 속에서 큰 모습을 보이신다. 그리고, 은사 스님은 혜안이 범상치 않아서 몇 말씀만 드려도 본질을 꿰뚫어 보시고, 꼬리만 보여드려도 머리와 몸통을 알아차리신다. 오늘도 우연히 그런 일이 있었다.
은사 스님께 네이버와 다음의 자료찾기에 대해 알려드렸더니 아주 신기해하시면서 금방 이해하시고 터득하셨다.

貽	厥	嘉	猷	勉	其	祗	植
끼칠 이 줄 이	그 궐 종족이름 궐	아름다울 가 좋을 가	꾀 유 옳을 유	힘쓸 면	그 기	공경할 지 삼갈 지	심을 식 세울 식

無一 번역 (이궐가유) 그 좋은 가르침을 주시니,
(면기지식) 그것에 힘써 공경히 심으라.

千字文 因緣日記

2017. 1. 29. 일요일 흐림

절 집안에 같이 살면 가족이다. 설이고 해서 가족들을 모아 몇 마디 하였다.

"여기 모인 대중들은 모두가 수행자입니다. 스님들은 물론, 수행자이고 머리를 길러 있는 종무직원들도 수행자입니다. 여기 수행자들은 나에게 닥치는 모든 경계를 수행의 소재로 받아들이고 살아야 절에 사는 보람이 있습니다.

인생은 아주 퍼뜩 지나갑니다. 다음 생이 금방 닥칩니다. 그러하니 수행도 열심히 해야겠고, 특히 보살도(菩薩道) 닦음을 잘 할 필요가 있습니다.

절에 찾아오는 사람들에게 친절을 베풀며 항상 미소를 지어야 합니다. 때가 좀 지났어도 밥 한 그릇 따뜻하게 잘 챙겨드리면 그게 바로 큰 공덕행입니다.

복 지을 기회를 놓치지 말고 부지런히 사십시오. 분명히 좋은 날이 올 것입니다. 세배를 하셨으니 세뱃돈을 앞앞이 드리겠습니다."

省	躬	譏	誡	寵	增	抗	極
살필 성	몸 궁	나무랄 기 꾸짖을 기	훈계할 계	사랑할 총 은혜 총	더할 증	겨룰 항 막을 항	지극할 극 다할 극

無一 번역 (성궁기계) 나무람과 훈계에 자기 몸을 살피고,
(총증항극) 총애가 더할수록 마지막에 이르지 않게 하라.

千字文 因緣日記

2017. 1. 30. 월요일 맑음

정초산림기도 입재 법문을 끝내고 상좌들의 새해인사를 받았다. 지금 현전(現前)의 대중들은 대부분 다 잘 살고 있다. 하지만, 눈에 보이지 않는 상좌들 가운데 대여섯 명은 은사인 나의 총애를 태산 같이 받고도 떨어져 나가 스스로 곤궁하게 산다. 참으로 한심한 화상들이다. 마지막에 이르렀으니 그것은 그들의 업의 과보이다. 자업자득이란 말을 귀에 못이 박히도록 듣고 사는 절 집안인데, 몰라서 그런 것이 아니다. 그렇지만 은사의 입장에서는 자주 똑같은 잔소리를 할 수밖에 없다. 오늘의 나무람과 훈계도 늘 하던 말이다.

"수행자는 공신력(公信力)이 있어야 합니다. 개인의 이득을 취하려고 도둑 고양이 흉내를 내어서는 안 됩니다. 그리

고 스스로의 공부에 매진해야 합니다. 지금은 별 차이 없지만 5년, 10년 후면 그동안 누가 열심히 살았는지 분명히 알 수 있습니다. 그리고 사찰의 당면과제를 잘 파악하고, 함께 해야지 수수방관하면 안 됩니다. 아울러, 사형사제끼리 시기질투하거나 험담하는 소아적(小我的) 존재가 되면 안 됩니다."

殆	辱	近	恥	林	皐	幸	卽
위태할 태 거의 태	욕될 욕 거스를 욕	가까울 근	부끄러울 치	수풀 림	언덕 고 못 고	다행 행 바랄 행	곧 즉 나아갈 즉

無一 번역 (태욕근치) 위태로움과 거스름은 부끄러움이 가깝다는 것이니, (임고행즉) 숲과 못가에 나아가기를 바랄지니라.

千字文 因緣日記

2017. 1. 31. 화요일 맑음

일이 안 될 때는 한 템포 늦추고 쉬어가는 것도 좋다. 너무 억지를 부려서 무리하게 추진하다 보면 부작용이 생기는 수가 많다. 세상 창피를 다 당하고 물러나는 사람은 지혜가 부족하기 때문인데, 물러나는 시기를 잘 알아 위기를 모면하고 자연 속에 묻혀 다음날을 위하여 내공을 쌓는 지혜로운 자도 얼마든지 있다.

참으로 인간의 일은 새옹지마이다. '꼭 나쁘다, 꼭 좋다' 할 것이 못 된다. 무슨 일이 있어 숲과 못가에 나아가 살더라도 그곳에 새로운 의미를 부여하고 재미를 붙여 열심히 살면 그뿐이다.

재가불자(在家佛子) 가운데, 세상의 위태로운 일로 소나기를 피하는 심정으로 무문관에 들어와 살다가 수행에 탄력이 붙어 근 1년을 마음공부한 사람도 있다. 좀 쉬어야 할 때는 쉬는 것도 괜찮다. 또렷또렷하게 깨어있기만 한다면 쉬어도 쉬는 게 아니라서 더 큰 성장을 위한 도모 기간이 될 수도 있다.

兩	疏	見	機	解	組	誰	逼
두 량	소통할 소 성 소	볼 견	틀 기 기회 기	풀 해 벗을 해	섞어짤 조 끈 조	누구 수 무엇 수	핍박할 핍 가까울 핍

無一 번역
(량소견기) 두 소 씨(疏廣, 疏受)는 기회를 보아,
(해조수핍) 끈을 풀었으니 누가 핍박했으리오.

千字文 因緣日記

2017. 2. 1. 수요일 맑음

대선출마를 위해 바쁘게 움직이던 반기문 전 UN 사무총장이 돌연 사퇴하였다. 본인이 언론에 말한 나름의 이유 가운데 하나가 '가짜 뉴스에 시달림' 이었다. 평생 외교관으로 살아온 반 씨는 정치 일선에 뛰어들자마자 엄청난 핍박을 당했음이 분명하다.

'거지가 거지를 시기하고 시인이 시인을 시기하고 정치인이 정치인을 시기한다' 는 평범한 진리를 철저하게 깨달았다고 볼 수 있다. 이것만 보면, UN 사무총장을 할 만한 그릇이다. 이제 반 씨를 두고 왈가왈부할 사람은 없을 것이다. 생각의 끈을 놔버렸는데 누가 그를 정치적으로 핍박하겠는가.

정치는 예부터 권모술수의 난장판이라고 말해왔다. 요즘의 박근혜 · 최순실 게이트 관련, 피고인들의 말을 보면 금방 탄로날 거짓말을 잘도 해댄다. 대통령도 예외가 아니다. 무슨 거짓말 대회장 같기도 하다. 꼭, 거짓말을 해야 그 높은 자리에 올라가겠구나 하는 생각을 들게 한다. 끈을 푸는 시기를 놓쳐, 3중, 4중의 수모를 당하는 모습을 보면서 '권력 탐착의 본질' 을 이해한다.

索	居	閑	處	沈	默	寂	寥
찾을 색 쓸쓸할 삭	살 거 지낼 거	한가할 한	곳 처	잠길 침 가라앉을 침	잠잠할 묵 말없을 묵	고요할 적	쓸쓸할 료 고요할 료

無一 번역 (색거한처) 한가한 곳을 찾아 지내니,
(침묵적료) 잠긴 듯 잠잠하여 고요하고 고요하구나.

千字文 因緣日記

2017. 2. 2. 목요일 맑음

신입생 모집의 건으로 바쁘다. 요즘 하고 있는 BBS의 초하루 법문 방송, BTN의 금강경 강의 방송 등의 녹화도 신입생 모집과 관계가 깊다. 포교 시즌에는 방송에 얼굴을 자주 내밀어야 그 인지도 때문에 신입생 모집이 수월해진다. 이것도 포교 전략 가운데 하나이다.

무문관에서 지내느라 말을 잘 하지 않다가 방송 녹화를 겸한 법문에 신경 쓴 나머지 몸살기가 다 있다. 며칠 전에 가볍게 감기가 왔는데 아직도 완전히 물리치지 못했다.

어제는 방생법회로 해변, 영천 참좋은요양병원, 청도 참좋은이서 중·고등학교를 거치는 강행군을 하면서 대중들에게 많이 시달렸다.

오늘 늦은 오후, 다시 무문관에 들어와서 한가한 시간을 가지니 이보다 더 편하고 좋을 수 없다. 내가 한 일 가운데, 잘한 일을 스스로 하나 말하라면, '무문관 설립' 이 아닌가 한다. 이곳 무문관은 언제나 잠긴 듯 잠잠하여 참으로 고요한 곳이다. 무문관 안에 있는 자체가 행복이다. 애초 생각했던 대로 2020년 2월 2일까지는 무문관에서 계속 수행할 작정이다.

求	古	尋	論	散	慮	逍	遙
구할 구 구걸할 구	옛 고	찾을 심 궁구할 심	의논할 론 논서 론	흩을 산 헤어질 산	생각할 려 걱정할 려	노닐 소 거닐 소	멀 요 노닐 요

無一 번역 (구고심론) 옛 성현의 도를 구하여 논서를 찾아 읽고,
(산려소요) 잡된 생각을 흩으며 한가로이 노니노라.

千字文 因緣日記

2017. 2. 3. 금요일 맑음

현대인들은 실속 없이 바쁘게 사는 면이 없지 않다. 하루 종일 돌아다니다가 이리저리 스트레스나 받다가 다시 그 자리에 눕는다. 그리고 허전해 한다.

최근 퇴임한 박헌철 재판소장이 어느 무문관에 들어갔다는 뉴스가 떴다. 그 재판소장도 남 보기에는 높은 자리일 것 같지만 얼마나 많은 번민과 갈등이 있겠는가!

세상이 힘들수록 옛 성현의 도를 구해야 한다. 불자라면, 부처님의 가르침을 의지할 때 가장 편안하고 포근하다. 바쁘게 살지 않을 수는 없지만, 바쁜 가운데 틈을 내어 혼자 조용히 불서(佛書)를 읽고 잡된 생각을 놓아버리는 참선, 기도, 사경 등 명상을 해야 한다. 그리해야 삶이 허망하지 않다.

대나무 숲 비탈이 안고 있는 무일선원 무문관은 마음공부 하기에는 그저 그만이다. 포행마당의 새도 한가롭고, 세면장을 기는 개미도 한가롭다. 수천만 리 달려온 햇볕조차도 목책에 기대어 한가로운 시간을 갖는다.

欣	奏	累	遣	慼	謝	歡	招
기쁠 흔 흠모할 흔	아뢸 주 나타날 주	여럿 루 더러울 루	보낼 견 쫓을 견	근심할 척 슬픔 척	사례 사 물러갈 사	기쁠 환 즐거울 환	부를 초

無一 번역 (흔주루견) 흠모함은 나타나며 더러움은 보낸듯이 사라지고,
(척사환초) 근심은 물러가며 즐거움은 부른 듯이 온다.

千字文 因緣日記

2017. 2. 4. 토요일 입춘, 맑음

불교는 당장의 떡과 빵을 제공하지는 않는다. 그러나 떡과 빵보다 더 맛있고 영양가 있는 그 무엇을 우리에게 준다. 그 무엇은 공기처럼 너무 가치 있는 것이라서 눈에 보이지 않는다. 좀 더딜 수는 있지만 반드시, 수행한 만큼 주어진다. 자기가 염원한 만큼의 부처님이 꼭 그대로 나타나며, 동시적으로 번뇌의 탁한 기운은 비례하여 없어져 버린다. 3년, 천일의 완전 폐문(閉門) 안거(安居)는 장난이 아니었다. 특히, 암이라는 큰 병마는 스스로를 근심덩어리로 만들었으나, 도고마성(道高魔盛)의 신기한 영험처럼 오히려 나름의 일대사(一大事)를 해결하는 큰 소재가 되었다. 자증게(自證偈)의 게송을 읊고 덩실덩실 춤을 추며 기뻤는데 그 법락(法樂)이 한달 이상 지속되었다.

참으로 근심은 저 멀리 물러갔으며 즐거움은 부른 듯이 내 곁에, 내 안에 찾아왔다.

금일, 입춘일에 큰절 제215기 육화회(六和會) 신도님들과 연대산을 돌고 용담호수에 앉았더니 전생의 도반과 함께 하는 듯 감회가 새롭다.

渠	荷	的	歷	園	莽	抽	條
개천 거 도랑 거	짐 하 연꽃 하	과녁 적 밝을 적	지낼 력 역력할 력	동산 원 절 원	우거질 망 풀 망	뽑을 추 뺄 추	가지 조 조리 조

無一 번역
(거하적력) 도랑의 연꽃은 밝고 선명하며,
(원망추조) 동산의 풀은 가지를 뺐었다.

千字文 因緣日記

2017. 2. 5. 일요일 맑음

어린이 법회의 예쁜 아이들이 감포도량을 왔다. 용담에서 방생을 하고 내려오는 아이들을 보은전 마당에서 만났다. 불교적 심성으로 가득찬 아이들을 보노라니 한 명, 한 명이 다 귀엽고 대견스럽다. 힘이 난다. 연꽃보다 밝고 선명한 얼굴, 푸른 솔가지보다 더 싱그러운 팔다리, 온 도량이 환하다. 내가 직접, 경내를 두루 소개하고 설명하는데, 아이들은 집중력이 좋았고 눈망울은 초롱초롱 하였다. 큰 인물들이 되리라는 기도 축원으로 모든 아이들과 함께 범종을 쳤다. 그리고 마니차를 돌리며 아주 지혜롭고 총명한 불자로 성장하기를 간절히 염원하였다.

금강문 누각에서 선방과 세계명상센터를 내려다보면서 우리 모두는 환희하였고, 지용해탈관세음보살을 친견하며 불보살의 한량없는 가피를 소망하였다. 그리고 큰법당 계단에 줄지어 올라서서 단체 사진을 찍었다.
아이들과 나는 다시 만나자는 약속도 하지 않고 헤어졌다.
늘 함께 하고 있음으로, 사실은 약속이 소용없었다.

枇	杷	晩	翠	梧	桐	早	凋
비파나무 비	비파나무 파	늦을 만 저녁 만	푸를 취 비취 취	오동나무 오	오동나무 동	이를 조 일찍 조	시들 조 여윌 조

無一 (비파만취) 비파나무는 늦게까지 잎이 푸르고,
번역 (오동조조) 오동나무는 일찍 잎이 시든다.

千字文 因緣日記

2017. 2. 6. 월요일 맑음

제2차 방생법회가 있었다. 바닷가에서의 미물방생인 생명불사(生命佛事)를 잘하였고, 영천 참좋은요양병원에서의 인간불사도 흡족하였다. 마지막 코스는 참좋은이서중 · 고등학교를 둘러보는 인재불사였는데 이 또한 훌륭한 방생법회였다.

나무들이 각각 나름의 업이 있듯이, 사람들도 또한 그러하다. 특히, 가만히 관찰해 보면 불자(佛子)들은 무심코 하는 행동에서조차 불자만의 특이한 인격향이 배어나온다. 이것은 불자의 업이다.

이러한 업은 이생에서만의 훈습됨이 아니다. 아무리 다른 종교가 득세한다 하더라도 불자는 불자로서 남을 수밖에 없다. 어떤 경우라 하더라도, 오늘처럼 우리 불자들은 정초에 모여 뭇생명과 이웃들을 생각하며 방생의식을 갖는다.
나는 오후 참좋은이서중 · 고등학교 마당에서 신도들에게 말했다.

"신도 여러분, 우리는 오늘 닦은 이 공덕으로 다음 세상에는 분명히 이 교정에서 학생으로 다시 만날 것입니다."

枇杷晩翠 梧桐早凋

陳	根	委	翳	落	葉	飄	颻
베풀 진 묵을 진	뿌리 근	맡길 위 시들 위	가릴 예 말라죽을 예	떨어질 락	잎 엽	나부낄 표 날릴 표	날릴 요 흔들릴 요

無一 번역 (진근위예) 묵은 뿌리는 시들어 말라죽고,
(락엽표요) 떨어진 잎은 바람에 나부낀다.

千字文 因緣日記

2017. 2. 7. 화요일 맑음

불교가 고목에 비유된 지도 이미 오래다. 혹자는 불교를 '박물관 불교', '박제 불교' 라고 폄하한다. 전체 불교의 이미지가 그래선지 그 잘나가던 한국불교대학 大관음사도 위기감이 들 정도로 올해 신입생 포교가 예사롭지 않다.

그래서, 자다가 궁여지책으로 생각해낸 것이 '포교전통된장' 이다. 감포도량만이 가지고 있는 천혜의 자연조건을 활용하여, 된장을 잘 빚어 포교 공로의 선물로 신도들에게 나눠준다면 큰 효과가 있지 않을까.

그래서 수십 일을 '된장 담그기' 준비에 애를 썼는데, 드디어 어제부터 본격 작업에 착수했다. 오늘은 칠곡, 포항, 경산도량 신도님들의 자원봉사에 힘입어 대형 30독의 된장을 담궜다. 장독 수가 총 300개인데 올해는 100개의 독을 사용

할 계획이다. 포교 7명 하면 3kg정도의 된장을 수여하고 10명 하면 다시 덤으로 상당량의 간장도 드릴 생각이다.

이번 된장 작업에 감포도량의 절 식구들이 고생이 많다. 내일은 정법호출택시에서 동참해 준다 하니 참으로 고맙다.

遊	鵾	獨	運	凌	摩	絳	霄
놀 유	곤새 곤 고니 곤	홀로 독	옮길 운 움직일 운	업신여길 릉 지날 릉	만질 마 갈 마	붉을 강	하늘 소

無一 번역 (유곤독운) 노는 곤새가 홀로 운행하는데,
(릉마강소) 붉게 물든 하늘을 위압하듯 난다.

千字文 因緣日記

2017. 2. 8. 수요일 맑음

인생은 혼자 왔다가 혼자 돌아간다. 사는 동안도 혼자인 경우가 많다. 모든 결정과 책임은 오로지 그 자신만의 것임으로 인생이 그리 녹록치 않다. 아예, 이것을 전제로 하고 살아갈 때 인생은 덜 외롭다. 그리고 타인에 대하여 덜 섭섭하다.

이렇듯이 인생은 어차피 혼자인데, 이 홀로 인생을 더 절절히 느끼면서 살아가겠다는 결심을 하고 집을 나온 이들이 출가자다. 그리하여 출가자는 그 어떤 것에도 집착하거나 의지할 마음이 애시당초 없다. 이곳 무문관에서 정진하겠다고 들어온 스님들은 더욱더 대단한 수행자이다. 깨달음을 이룬 스님이 나오길 고대한다.

오늘 큰절 제207기 성만회(成滿會) 20명의 신도님들과 명상 힐링캠프를 하면서 내가 말하였다.

"지금 우리나라는 큰 깨달음을 이룬 단 한 분의 스님이 필요합니다. 여기 무문관에서 그런 인물이 나올 것입니다. 선방 후원회에 선뜻 가입하여 주신 성만회 회원 여러분께 감사드립니다. 그리고 된장 담그기 울력에 내 일처럼 동참해 주심에 더더욱 고맙습니다. 큰 공덕 지으셨습니다."

耽	讀	翫	市	寓	目	囊	箱
즐길 탐 노려볼 탐	읽을 독	갖고놀 완 구경할 완	저자 시	부칠 우 볼 우	눈 목	주머니 낭 자루 낭	상자 상

無一 번역 (탐독완시) 책 읽기를 즐겨 서시(書市)에서 구경하면서,
(우목낭상) 눈을 붙이기만 하면 주머니와 상자에 둠과 같다.

千字文 因緣日記

2017. 2. 9. 목요일 맑음

나는 책 쓰는 것을 좋아한다. 불교대학을 열고 그 이듬해에 출판사를 열었다. 그래서 '도서출판 좋은인연' 은 우리절의 상징 부서가 되었다. 당시, 초창기 경제 상황이 열악하기 짝이 없었으나, 나는 문서 포교의 중요성을 미리부터 감지하고 많은 신경을 쏟았다. 지금까지 낸 내 저서가 200권이 훨씬 넘는다.

오늘 큰절에서 특강을 마치고 감포도량 선방으로 돌아오려는데 출판사의 팀장이 교정용 원고를 몇 종류 건넨다. 곧 무문관일기 제9권이 나올 것이다. 최근에는, 중도가 법문을 모아 엮은 책이 정초산림기도 설판용 선물로 나오기도 하였다.

나의 경험으로, 선물이나 포상으로 책만 한 것이 없다. 큰 기도 또는 초파일 기념으로 지금껏 신도님들께 책을 드렸는데, 다들 반응이 좋았다.
아무튼 책은 무지 중요하다. 예로부터 책은 법신사리(法身舍利)라고 일컬어졌다. 대구큰절에는 진작부터 도서관이 만들어져 법신사리가 가득 차있다. 그곳에서, 삼매에 빠져 책을 읽는 신도님들을 보노라면 그 모습들이 참으로 거룩하다.

易	輶	攸	畏	屬	耳	垣	墻
쉬울 이 바꿀 역	가벼울 유	바 유	두려울 외 조심할 외	무리 속 붙일 속	귀 이	담 원	담 장 울타리 장

無一 (이유유외) 쉽고 가벼운 것이라도 조심해야 할 바이니,
번역 (속이원장) 귀를 담장에 붙여 놓았기 때문이다.

千字文 因緣日記

2017. 2. 10. 금요일 맑음

요즘 감포도량에서는 새로 지은 문수전, 청정관을 감시하기 위한 CCTV 작업이 한창이다. 하는 김에 장독대 주변에도 대여섯 대의 CCTV를 단다. 예전에는 귀를 담장에 붙여 놓았지만, 지금 시대에는 눈을 담장에 붙여 놓는다.

어제는 장독 뚜껑이 두 개나 떨어져 박살이 났었다. 며칠 일찍 CCTV를 달았더라면 그 원인을 알 수 있었을 텐데, 좀 아쉽다.

'바람이 불어서 떨어졌는가?'

'누가 의도적으로 부수었는가?'

'아님, 팔 힘이 약한 사람이 들다가 실수를 하였는가?'

가끔, 큰절 종무소에서는 CCTV를 통해서 여러 사건들의 원인을 알아낸다. 첨단 과학의 혜택이다.

그러나 달리 생각해 보면, 일거수 일투족을 감시해대는 CCTV의 폐해도 크다.
또한, 모든 대화를 은밀히 녹음 해대는 휴대폰 또한, 믿음의 사회를 깨부수는 원인이 되기도 한다. 귀를 벽에 붙인 것 보다 더 심하다. 매사 조심할 일이다.

易輶攸畏 屬耳垣墻

具	膳	飡	飯	適	口	充	腸
갖출 구 기구 구	반찬 선 먹을 선	밥말아먹을 손 먹을 찬	밥 반	맞을 적 갈 적	입 구	채울 충 가득할 충	창자 장

無一 (구선손반) 반찬을 갖추어 밥을 먹음에
번역 (적구충장) 입을 맞추어 창자를 채운다.

千字文 因緣日記

2017. 2. 11. 토요일 맑음

무문관의 공양은 주는 대로 먹기이다. 하루 한 끼의 공양은 젊은 스님들에게 부족할 수 있다. 그래서 공양이 그렇게 맛이 없지는 않다. 오히려 방 안에서 밥을 받아 먹는 일이 죄송스러울 때가 있다. 날씨가 고르지 않아 비 내리고 바람 칠 때면 '이 밥을 받을 만한 자격이 되는가' 하고 자책한다. 그래서 더 화두가 성성해진다. 무문관을 운영하기 위해서는 많은 사람들의 공(功)이 필요하다. 외호대중의 헌신적인 보살행이 없다면 아무것도 할 수 없는데, 가끔씩 선방에서 나오는 쪽지를 보면 스님들이 충분히 이해하고 있음을 직감한다. 더 근원적인 공덕을 생각해 보면, 우리 무일선원 무문관은 선방후원회(천수천안단)가 너무나도 큰일을 한다. 매달 만 원의 후원금이 모여 부처를 길러내는 큰 불사(佛事)의 판을 벌이니 고무적이라 아니할 수 없다.

飽	飫	烹	宰	飢	厭	糟	糠
배부를 포	배부를 어 먹기싫을 어	삶을 팽 요리 팽	재상 재 삶을 재	주릴 기 굶을 기	싫을 염 족할 염	지게미 조 재강 조	겨 강

無一 번역 (포어팽재) 배 부르면 진미도 먹기 싫고,
(기염조강) 주리면 지게미나 쌀겨에도 만족한다.

千字文 因緣日記

2017. 2. 12. 일요일 맑음

마지막 날 방생 행사인 참좋은이서중 · 고등학교 점안법회를 마치고 큰절로 돌아오니 저녁공양 시간이 한참 지났다. 때늦은 저녁공양이라 두어 가지 반찬으로도 만족한다. 하지만 많이 먹지는 않는다. 최근 들어와서 살이 쪘기 때문이다. 일일 공양의 양으로는 하루 한 끼 먹는 일종식 분량을 넘지 않는데, 무슨 이유로 체중이 늘어난다. 사람들이 말하는 나잇살 같기도 하다.

수행자가 살이 쪄서 뒤뚱거리는 모습은 정말 가관이다. 그래서 나는 젊은 시절부터 야윈 선배 스님을 옳다고 생각하였는데, 막상 내 자신이 과체중 증세를 보이니 유구무언일 따름이다. 전혀 먹지 않자니 체력이 달려서 몸살이 오는 수가 있어서 적당히 잘 먹으려고 하는데, 이 자체가 공부거리이다.

親	戚	故	舊	老	少	異	糧
친할 친 일가 친	겨레 척	연고 고 옛 고	옛 구 친구 구	늙을 노	작을 소 젊을 소	다를 이	양식 량 먹이 양

無一 번역 (친척고구) 친척과 오래된 친구,
(노소이량) 어르신과 젊은이는 음식 대접을 달리해야 한다.

千字文 因緣日記

2017. 2. 13. 월요일 맑음

나는 좀처럼 외식을 하지 않는다. 밖에서는 먹을 만한 음식도 없거니와 남들 보기에도 좋지 않다. 어쩔 수 없이 바깥 공양을 할 때면 채식 전문집을 찾거나 별도의 공간이 있는 곳에 든다.

특히, 신도들과 함께 움직이는 해외 성지순례에서는 특히 먹는 것을 조심한다. 멸치 대가리 하나라도 잘못 먹었다가는 난리난다. 이는, 신도들의 과민반응이라고도 볼 수 있으나 우리 불자님들의 수행자에 대한 높은 기대치이니 꼭 부정적이라고 말할 필요는 없다.

아무튼 스님들은 먹는 것을 함부로 해서는 안 된다. 그리해야 스스로 체면을 세운다. '막행막식' 과 '자유자재' 함과는 전혀 다른 개념인데, 착각하는 이들이 많다.

한편, 절에서의 공양은 평등공양이다. 세속에서의 관습처럼 차등은 금물이다. 승, 속 - 남, 녀 - 노, 소 - 빈, 부 - 귀, 천을 따지지 않고 똑같이 공양한다. 절 집안에서조차 차별한다면 세상살이가 얼마나 더 서글퍼질까?
오늘 점심도 은사인 나는 상좌들과 똑같은 메뉴로 한 공간에서 공양하였다.

妾	御	績	紡	侍	巾	帷	房
첩 첩 아내 첩	거느릴 어 맡을 어	길쌈 적	길쌈 방	모실 시 시중들 시	수건 건	장막 유	방 방

無一 번역 (첩어적방) 첩은 길쌈을 맡아야 하고,
(시건유방) 또한, 유방에서 수건으로 시중들어야 한다.

千字文 因緣日記

2017. 2. 14. 화요일 맑음

오후 5시 종무회의를 하는 중에 깜짝 놀랐다. 우리절의 참좋은어린이집 원생들이 절반 가량 줄고, 가르치는 교사도 거의 절반 줄었다는 것이다. 작년에 불미스러운 일이 있었다는데 그의 여파가 너무 크다. 나는 직원들에게 회주로서 훈계하였다.

"어찌 그렇게도 상이 높으냐? 학부모나 신도가 턱도 아닌 얘기를 하더라도 우선, 옳고 그름을 떠나서 무릎 꿇고 참회하는 모습을 보여야 한다. 그렇게 하더라도 자기 개인의 인격에 흠이 가는 것이 아니다. 일 저질러 놓고 그 문제의 당사자가 떠나갔다는데, 분명히 과보가 있을 것이다.

지금 여기 있는 모든 직원들은 타산지석으로 삼아서 정말 친절하고 하심(下心)하면서 살아주길 바란다.

절 그리고, 절 언저리에서 일하는 모든 직원들은 스스로 반 수행자라고 생각하라."

사람은 교육에 의해서 길러진다. 듣는 상대가 싫더라도 전체 공동체를 위해서는 할 말은 할 수밖에 없다. 여자가 길쌈을 하고 유방에서 수건으로 남자의 시중을 드는 것도 지금 시점에서는 말도 안 되는 얘기지만, 그때 당시에는 그럴 만한 이유가 있었을 것이다.

紈	扇	圓	潔	銀	燭	煒	煌
흰비단 환 흰깁 환	부채 선	둥글 원 온전할 원	깨끗할 결 맑을 결	은 은 돈 은	촛불 촉 밝을 촉	밝을 위 빛날 휘	빛날 황

無一 번역 (환선원결) 흰 비단의 부채는 둥글고 깨끗하며,
(은촉위황) 은빛 촛불은 밝게 빛난다.

千字文 因緣日記

2017. 2. 15. 수요일 맑음

구미도량이, 열심히 하려고 노력하는 모습이 역력하다. 도량순회 법회 겸 부처님 진신사리 친견 법회를 구미도량에서 가졌는데 그런 대로 성황을 이루었다. 마침, 수정화 보살이 그리는 후불탱화가 완성되어 다시 새 것으로 교체하니 법당 분위기도 아주 좋아졌다.

새로 들어선 동문회 집행부도 열심히 할 것 같아 안심이다. 구미도량의 신도들이 흰 비단의 부채처럼 깨끗한 면이 많다. 주지인 대원 수좌의 원력도 커서 잘 될 것으로 본다. 은빛 사리함에 모셔진 부처님의 진신사리의 영험이 촛불처럼 밝게 빛나 침체된 도량을 일신하는 계기가 되길 기도축원한다.

모든 신도들의 생각이 한 방향으로 모아지고 있으니 머지 않아 가시적 성과가 나타날 것이다.

晝	眠	夕	寐	藍	筍	象	床
낮 주	잠잘 면 쉴 면	저녁 석	잘 매 죽을 매	쪽 람	죽순 순 대자리 순	코끼리 상 상아 상	평상 상 침상 상

無一 (주면석매) 낮에 쉬고 저녁에 자는데,
번역 (람순상상) 쪽빛의 대자리와 상아의 침상이라.

千字文 因緣日記

2017. 2. 16. 목요일 맑음

계율에는 높고 큰 평상에 눕지 말라고 하였다. 그래서 스님들은 침대를 사용하는 경우가 거의 없다. 어쩌다가 해외 성지순례 차 현지 호텔에서 잘라치면 안 쓰던 침대 위에 눕는 일이 참으로 불편하다. 몸부림을 많이 치는 나로서는 더욱더 힘들다. 한번은 인도의 룸비니에서 자다가 침대에서 떨어지는 일도 있었다.

요즘 거처하고 있는 대구큰절의 내 방도, 감포도량의 무문관 선방도 그냥 맨바닥이다. 스님들이 많이 모여 사는 강원이나 대중 선방은 큰 통방 자체가 거대한 침실이자 공부방, 참선실이다.

이러한 곳에서는 시간 관리가 철저하다. 동시 기상, 동시 취침, 동시 입정, 동시 포행, 동시 간경의 규칙이 분명하다.

이러한 룰을 어기다가 쫓겨나는 수도 있다. 그래서 절 집안에서는 말한다.

'대중이 공부 시켜준다.'

지난 밤은 날이 푸근해서인지 바닥이 좀 뜨거웠는데, 그 때문에 땀을 많이 흘렸다.

絃	歌	酒	讌	接	杯	擧	觴
악기줄 현	노래 가	술 주	잔치 연	이을 접 받을 접	잔 배	들 거 제시할 거	잔 상 술잔 상

無一 번역
(현가주연) 악기 줄 타고 노래하며 술 마시는 잔치에,
(접배거상) 잔을 받기도 하고 잔을 주기도 한다.

千字文 因緣日記

2017. 2. 17. 금요일 맑음

술이 아니더라도 서로 뜻이 통하는 사이라면 한 잔의 차로도 좋은 시간을 보낼 수 있다. 즉, 한 잔 차로 교감하는 사이는 악기 줄 타고 노래하며 왁자지껄 하지 않아도 서로가 뜻이 통해 깊은 속마음을 주고 받는다. 술이 때로 칙칙한 뒷맛을 남기지만, 차는 언제나 산뜻한 여운을 선사한다. 그래서인지, 절 집안에서는 술은 금기시하고 차는 많이 마신다.

오후에 칠곡도량에 갔더니 우전차를 내놓았다. 서서 마시는 오랜만의 녹차 맛이 참 좋았다. 칠곡도량이 은은한 차 맛처럼 조용히 잘 나아가고 있는 듯 하다. 주지인 일문 수좌가, 다니는 학교 일로 부재중의 상황인데도 불구하고 법당을 거의 꽉 채운 정진의 열기가 맘에 들었다.

죽 둘러보니 법당 내부의 환경정리가 잘 되어 있다. 그리고 회장단을 비롯 신도 각자의 신심도 훌륭하다.
몇 마디 하였다.
“여기 주지 스님은 이 바쁜 소임을 살면서도 내공을 더 다지기 위해 대학원에 나가고 있으며, 또한 복지재단 무일복지법인의 이사장 역할도 잘하고 있습니다. 적극 협조해서 천백 명 포교의 목표를 달성하기 바랍니다.”

矯	手	頓	足	悅	豫	且	康
바로잡을 교 들 교	손 수	두드릴 돈 갑자기 돈	발 족 흡족할 족	기쁠 열	미리 예 기쁠 예	또 차	편안할 강 즐거워할 강

無一 번역 (교수돈족) 손을 들고 발을 구르니,
(열예차강) 기쁘고 기쁘며 또한 편안하다.

千字文 因緣日記

2017. 2. 18. 토요일 맑음

손 들고 발 구를 일이 있다. 왕대의 식재이다. 왕대나무는 과연 '왕'이란 이름을 붙일 만하다. 둘레가 60cm나 되니 그저 보기에도 대단한 대나무이다. 366포기를 주문하였는데 1차로 111포기가 들어와서 심고 있다. 왕대는 그 키도 18m 내외로, 운반하기도 만만치 않고 심는 일도 보통이 아니다.

책임자인 '박태정 거사'가 능력이 있는 조경업자이다. 절일을 전체 주관하고 있는 회주의 입장에서는 일하는 일꾼들이 잘해주면 더없이 고마운데, 박거사가 그러하다.

아무튼 근 한 달 걸리는 큰 불사이다. 우선 화엄동산에 좀 심고, 육각정 아래쪽에도 심을 예정이다. 그리고 산비탈 한쪽에 왕대나무 길을 조성하여 명상힐링 공간을 더 크게 확

충할 생각이다.

왕대나무!

한 그루 한 그루 세워지니 도량 전체가 기쁜 듯이 춤을 추는 듯하고, 지극히 편안한 분위기가 연출된다. 한 그루씩 시주를 받아 명패를 걸자는 의견이 있다.

회주인 내가 먼저 몇 그루를 시주해야 겠다.

矯手頓足 悅豫且康

嫡	後	嗣	續	祭	祀	蒸	嘗
정실 적 맏아들 적	뒤 후 아들 후	이을 사	이을 속	제사 제	제사 사	찔 증 겨울제사 증	맛볼 상 가을제사 상

無一 번역 (적후사속) 맏아들은 대를 이어
(제사증상) (조상에게) '증, 상' 이라는 제사를 지낸다.

千字文 因緣日記

2017. 2. 19. 일요일 맑음

종손으로 태어난 게 늘 죄밑이 되었다. 출가하여 이렇듯이 자식 없이 사는 것을 부모님은 좋아하지 않았다. 한사코 출가를 말리셨다. 그런데 나의 고집은 이 길을 계속 걷게 했고, 지금은 정말 돌아갈 수 없는 나이가 되어버렸다.

만일, 다음 생이 있다면 장손, 종손 등의 부담을 갖지 않는 집안에 태어나 좀 쉽게 출가가 이루어졌음 좋겠다. 비록 종손이자 장손으로 태어났지만, 그래도 내 도리를 해야겠다는 생각으로 고조부 고조모까지의 조상 제사를 절에서 모시고 있으니 다소나마 마음의 짐이 덜하다. 그리고 생전에 큰 놈이랑 살고 싶으셨던 부모님을 극락당에 안치하고 때때로 뵈올 수 있으니 이 또한 천만다행이다.

오늘도 도량 전체를 죽 돌면서, 극락당에 들렀더니 부모님 등 여러 영가님들이 편안히 계신 듯한 분위기라서 좋다. 대구큰절을 창건하고 많은 시설을 갖추었는데, 그중에서 경내에 납골봉안당을 만든 게 가장 잘한 일 중의 하나라고 생각된다.

嫡後嗣續 祭祀烝嘗

稽	顙	再	拜	悚	懼	恐	惶
조아릴 계 머리숙일 계	이마 상	두번 재 거듭 재	절 배	두려울 송	두려울 구	두려울 공 삼갈 공	두려울 황 급할 황

無一 번역 (계상재배) (제사를 모실 때에는)이마가 땅에 닿도록 두 번 절하는데, (송구공황) 송구하고 조심스럽게 한다.

千字文 因緣日記

2017. 2. 20. 월요일 흐림, 맑음

오전 강의를 끝내고 부랴부랴 바쁘게 경산도량에 갔는데, 다들 열심히 하는 모습들이 보기 좋았다. 애초에 경산도량을 운영하게 된 사정 이야기를 하니 감회가 새롭다.

경산도량은 장자(長子) 도량이다. 지역 도량으로서는 제1호 도량인데, 순탄하게 잘 발전하여 지금은 보광전(寶光殿)이라는 큰 법당도 갖추고 있다.

올해 포교 숫자도, 지금으로서는 다른 도량에 비해 선두이다. 주지인 혜안 수좌의 성실한 노력이 먹혀드는 것 같아 안심이다. 법회가 끝나고 차담 시간에는 동문회 임원진들과의 미팅이 있었는데 다들 소신껏 잘하는 것 같아서 다행스럽고 고마울 따름이다.

한편, 88세의 보명화 보살님이 직접 만들었다는 감주 맛이 일품이었다. 보명화 보살님은 대구큰절 제21기로서 경산에서 다니셨는데, 그 세월이 벌써 21년이나 흘렀다. 지금까지도 변치 않고 기도 하고 공부하시니 참으로 감동이다. 무엇보다도 건강하셔서 마음이 놓인다.
경산도량이 지금처럼 잘 정착하는 데는 보명화 보살님의 공덕이 크다. 오래 뵈어서 그런지 서로가 편하다.

牋	牒	簡	要	顧	答	審	詳
편지 전 글 전	편지 첩 서찰 첩	대쪽 간 간략할 간	요긴할 요 요약할 요	돌아볼 고 도리어 고	대답 답 답장 답	살필 심 자세할 심	자세할 상

無一 번역 (전첩간요) 편지는 간략히 요약해서 하고,
(고답심상) 반대로 답장은 살펴 자세히 하라.

千字文 因緣日記

2017. 2. 21. 화요일 맑음

마침 행자 교육원에 입소한 대본(大本)과 선밀(禪蜜)로부터 편지가 왔다. 우리절에 출가하여 이제 사미계를 받게 되니 감개무량하며, 앞으로의 수행 생활을 아주 잘 하겠다는 다짐을 적고 있다. 은사 되는 입장에서는 삼계화택(三界火宅)에서 잘 탈출하여 여기까지 왔으니 다시는 물러서는 일 없이 마침내 불과(佛果)를 성취하길 바랄 뿐이다.

절에서의 은사와 상좌 관계는 집에서의 부모와 자식 관계보다 더 의미있고 중하다. 정신적 만남이기 때문이다. 요즘처럼 출가자가 급감한 풍토를 감안한다면 내 상좌가 되겠다고 우리절을 찾는 수행자가 참으로 대견스럽다. 부디, 오늘의 편지처럼 절대 초심(初心)을 저버리지 말고 끝까지 잘 공부하여 인천(人天)의 스승이 되어주었으면 한다.

행자 교육원에 답장을 보낼 수 없는 형편이니, 두 행자들이
후일에라도 이 글을 보고 힘을 얻길 바란다.
'참으로 장하고 장하도다!'

骸	垢	想	浴	執	熱	願	凉
뼈 해 몸 해	때 구 때낄 구	생각 상	목욕 욕	잡을 집	더울 열 뜨거울 열	원할 원 바랄 원	서늘할 량 찰 량

無一 번역 (해구상욕) 몸에 때가 끼면 목욕할 것을 생각하고,
(집열원량) 뜨거운 것을 잡으면 차기를 바란다.

千字文 因緣日記

2017. 2. 22. 수요일 맑음

'몸의 때 벗기기' 도 습관 들이기 나름이다. 소싯적에는 설, 추석의 명절 때가 되어야 몸의 때를 벗겼다. 소죽솥에 물을 끓이고 거기에 들어앉아 때를 미는 일은 참으로 큰일이었다. 요즘처럼 매일 조석으로 샤워하는 사람들과는 참으로 격세지감이다.

절에서는 공식적인 목욕, 삭발 일이 있어서 그때만 하게 되어 있다. 옛 법을 지키는 절에서는 보름에 한 번 하는데 시설이 변변찮아 몸을 씻어도 아주 개운치는 않다. 우리 무문관에는 개인 방마다 샤워시설이 그런대로 잘 갖추어져 있어서 하루에 서너 번을 해도 누가 입댈 일은 없다. 하지만 요즘 같은 겨울철에는 감기가 겁이 나서 일주일에 한 번 정도, 그것도 벼르고 벼루어서 날씨가 좋은 날 하게 된다.

2015년에는 인욕 공부 겸 5개월 반 동안 몸을 씻지 않은 적도 있었는데, 요즘은 버릇이 고약하게 들어서 일주일이 다 되어 가면 몸에 때가 밀리고 가렵다.
다른 얘기지만, 새로 짓고 있는 청정관에 대샤워실이 마련되었고, 그 샤워실 이름이 세심탕(洗心湯)이다. 현판을 곧 달아야겠다.

驢	騾	犢	特	駭	躍	超	驤
나귀 여 나위 려	노새 라	송아지 독	특별할 특 숫소 특	놀랄 해	뛸 약	뛰어넘을 초 넘을 초	달릴 양

無一 번역 (여라독특) 나귀와 노새, 송아지와 숫소가
(해약초양) 놀라 날뛰고 뛰어넘어 달린다.

千字文 因緣日記

2017. 2. 23. 목요일 맑음

화요일 날 야간반 공부시간에 포교상을 나누어주면서 크게 충격을 받고, 어제부터 각 반마다 임시 임원회의를 소집 중이다. 한 명이라도 포교를 한 사람은 지금, 현재 단 1%도 안 된다. 아무리 포교상품을 업그레이드 해도 신도들이 별 반응이 없다. 3명 포교하면 주는 흰민들레 장아찌도 소용없고, 7명 포교하면 주는 전통된장도 소용없다. 참으로 놀라 날뛸 지경이다. 그리고 뛰어넘어 내달릴 상황이다.
20년 전, 동안거를 나고 돌아오니 그때 초대 동문회장인 이춘희 법사가 신입생 포교를 750명 밖에 못했다고 자책하던 모습이 떠오른다. 그때는 아직 1월 말이었다. 그런데 지금은 2월 말이 아닌가. 현재 591명이다. 이것이 분명 현실이니, 불교대학을 전체 관리하고 있는 나는, 스스로의 법력과 지혜와 복의 한계를 절감할 수밖에 없다. 참으로 큰일이다.
다음주까지 각 공부반 별로 임원진 회의를 부쳐 그들을 독려할 수밖에 없다.

誅	斬	賊	盜	捕	獲	叛	亡
벨 주	벨 참 죽일 참	도적 적 역적 적	도적 도	잡을 포	얻을 획 잡을 획	배반할 반	망할 망 도망 망

無一 번역 (주참적도) 도적들은 베어 죽이고,
(포획반망) 반역자나 도망범은 잡아들인다.

千字文 因緣日記

2017. 2. 24. 금요일 맑음

불교에서도 도적들은 베어 죽이고 반역자나 도망범은 잡아들인다. 마음의 측면에서 하는 말이다. 수행은 곧 '참나'를 갉아먹는 도둑놈의 마음을 없애는 일이다. 그리고 '참나'를 배신하고 스스로 멀어져가는 그 어수선한 마음을 잡드리한다. 그리하여 불교적 수행을 잘하면 '참나'를 찾을 수 있고, 그 '참나'를 잘 보존할 수 있다. 이는, 세상이 힘들고 복잡할수록 수행이 더욱 필요한 구실이기도 하다.

오늘은 우리나라에서 가장 번잡스러운 서울이란 도시를 방문하였다. 서울 중에서도 번잡하기 짝이 없는 제기동, 그 가운데 있는 서울 동대문도량에서 한 법당 가득한 신도님들을 만났다. 서울의 신도님들은 이미 마음의 도둑들을 해치우고 '참나'를 찾은 듯 초탈한 신행활동을 하고 있었다.

당나라 복장을 한 다도반이나 합장단 옷도 나름 멋이 있었다. 그리고 마이크를 건네받은 지형식 회장님, 신옥순 법사님의 포교 경험담도 어디서 들을 수 없는 신행(信行)의 나침반이었다.

'다음 생에도 스님이 될 것' 이라는 상좌인 주지 대정 수좌의 말에도 큰 믿음이 갔다. 주지 역할을 잘하고 있고, 포교 실적도 좋아 내심 흐뭇하다. 서울 신도님들의 바람대로 월세의 법당 신세를 면하길 기도한다.

布	射	僚	丸	嵇	琴	阮	嘯
베 포 돈 포	쏠 사	벗 료	둥글 환 방울 환	산이름 혜 사람이름 혜	거문고 금	성 완	휘파람 소 읊을 소

無一 번역 (포사료환) 여포(呂布)의 활쏘기, 웅의료(熊宜僚)의 방울 굴리기, (혜금완소) 혜강(嵇康)의 거문고, 완적(阮籍)의 휘파람 불기.

千字文 因緣日記

2017. 2. 25. 토요일 맑음

산천의 초목도 다 근기따라 성장하고 그 삶을 유지한다. 무문관 안의 생명들 또한 그러하다. 포행장은 나무 울타리를 훨씬 넘은 황칠나무가 키다리 아저씨마냥 훤출한 키를 자랑하며 지금도 푸른 잎을 거뜬히 달고 있다. 또한 바닥에는 겨울 이긴 곰보배추가 여기저기 파란 잎으로 강인한 의지를 표현하고 있다.

얼마 있지 않으면, 동면 중에 있던 생명들이 기지개를 펴고 자기의 존재감을 제각각 드러낼 것이다. 아무튼 말 못하는 무문관 가족들을 보는 것이 재미있다.

대하고 있는 식물이나 미물처럼, 사람들을 관찰하는 것도 흥미로운 일이다. 특히 우리 스님들의 사는 모습을 보노라면, 다들 자기만의 개성과 능력이 독특함을 알 수 있다.

오늘 만난 여명회의 도반 스님과 이런저런 얘기를 나누는 중에, 그 말 빛 속에서 각자 살아가는 색깔을 금방 느낄 수 있었다. 누구든, 자기가 처해 있는 상황에서 자신만의 에너지를 뿜어 대며 열심히 사는 것이 잘 사는 인생이지 그 외 묘수는 없다.

恬	筆	倫	紙	鈞	巧	任	釣
편안할 염 고요할 염	붓 필 글 필	인륜 륜 무리 륜	종이 지	고를 균 서른근 균	공교할 교 재주 교	맡길 임 쓸 임	낚시 조

無一 번역 (염필륜지) 몽염(蒙恬)의 붓, 채륜(蔡倫)의 종이, (균교임조) 마균(馬鈞)의 공교한 지남거(指南車), 임공자(任公子)의 낚시.

千字文 因緣日記

2017. 2. 26. 일요일 맑음

전생(前生)이 분명히 있다. 나는 붓잡기를 좋아하고 붓글씨 쓰기를 즐기는데, 이는 이생에 와서 단련된 것이 아님을 확신한다. 세속에서도 그러하였지만, 출가해서도 이 점에 관한 한 다른 스님에 비하면 좀 유별나다.

지금 쓰고 있는 붓 종류만도 수십 가지이다. 억새붓, 칡붓, 등나무붓 등 식물성 붓도 많다. 소재로서, 붓 중의 붓은 머리카락 붓이다. 두발붓이라고 명명하여 머리카락 붓으로 쓴 서예 작품에는 꼭 '무일 두발붓' 도장까지 찍는다. 수행자가 자기 머리카락을 잘라 붓을 만드는 일은 동정녀의 처자가 애기 낳는 것보다 더 어렵다.

지난 2013년 4월 보름부터 2016년 정월 보름까지 무문관에서 머문 덕분에 귀하고 귀한 두발붓을 얻게 된 것인데, 이는 그 누구도 흉내낼 수 없는 수행의 표상물이 아닌가 한다.

요즘 5명 포교상으로 주는 세심(洗心)이란 글도 두발붓으로 쓴 것이다. 나는 붓글씨를 쓸 때마다 발원한다.

"나의 이 붓글씨 작품을 소장하는 이는 모든 바라는 바를 성취하고, 구경에는 아뇩다라삼먁삼보리를 성취하시기를……."

釋	紛	利	俗	竝	皆	佳	妙
풀 석 놓을 석	어지러울 분 번잡할 분	이로울 리 날카로울 리	풍속 속 세상 속	나란히 병 아우를 병	다 개	아름다울 가 좋을 가	묘할 묘 신묘할 묘

無一 번역 (석분리속) 번잡한 것을 풀고 세상을 이롭게 하니,
(병개가묘) 모두가 다 아름답고 신묘하다.

千字文 因緣日記

2017. 2. 27. 월요일 맑음

오후 2시, 저녁 7시 반. 두 차례의 주, 야간반 전체 임원진 월례 회의가 있었다. 포교 집중력을 감안, 지금까지 하던 통합 회의를 나누어 개최하였는데 잘된 것 같다.

참으로 포교가 어렵다. 수행은 혼자 하는 일이지만, 포교는 상대가 있는 일이라서 그러하다. 그래서 예전부터 소승 수행자보다 대승보살을 더 쳐준지도 모르겠다.

아무튼, 포교는 분명한 이념을 가지고 해야 한다. 열반에 대한 확신이다. 즉, 불교는 열반을 이념으로 삼는데, 그 열반이란 것이 요즘 표현으로 하면 최상의 평온, 행복이다. 포교하는 사람들은 우리 불교, 불교의 가르침이 상대에게 최상의 평온과 행복을 준다는 확고한 믿음이 있어야 한다.

또한, 모두가 가꾸고 성장시켜 온 이 한국불교대학이 '우리 것' 이라는 공동체의식과 주인정신이 살아있어야 한다. 오늘 두 차례의 회의 주제는 대충 이러한 것이었다. 그리고 마구니들에 대한 강한 신장 노릇도 주문하였다. 표현은 다르지만 우리 불교는 천자문 이 대목에서 보이는 것처럼, 모든 인생 문제를 푸는 열쇠이며 세상을 이롭게 하는 관문이다. 참으로 거룩하고 신묘 불가사의 한 것이 불교이다.

毛	施	淑	姿	工	嚬	姸	笑
털 모	베풀 시	맑을 숙 아름다울숙	모습 자 자태 자	장인 공 기교 공	찡그릴 빈	고울 연	웃을 소

無一 번역 (모시숙자) 모장(毛嬙)과 서시(西施)의 아름다운 자태여,
(공빈연소) 기교스런 찡그림과 고운 웃음이로다.

千字文 因緣日記

2017. 2. 28. 화요일 맑음

포교가 안 되어 지난주부터 각 공부 요일별로 신경질적인 비상 임원회의를 개최하고 있는데 오늘 저녁반이 마지막이다. 오늘 저녁반은 특히, 석 달 동안 금강경을 특별강의 해왔다. 이러한 나의 정성에 부합하듯 포교상을 받는 분들이 부쩍 많았다. 포교를 독려하는 데도 채찍과 담금질이 필요하다. 진정, 아름다운 자태는 찡그림과 웃음이 잘 배합되어야 할 것 같다. 그리고 오후 5시의 직원 종무회의 시간에도 강, 온의 법문을 하였다.
한편, 오후 1시부터 3시 반까지 포항도량에서 부처님 진신사리 친견 특별법회를 겸한 교법사 및 전법사증 수여식이 있었다. 예전보다 법당이 훨씬 밝아졌고, 주존이신 관세음보살님의 상호도 한층 빛났다.

신도님들의 면면도 자신감을 보였다. 주지인 대선 수좌가 찡그림과 웃음으로 포항도량을 잘 관리하고 지도한 흔적이 한눈에 역력히 보인다. 어느 단체나 마찬가지로 우리 불교 단체, 사찰도 그 책임자 한 사람의 열정과 사랑이 승패를 좌우하는 것을 살필 수 있다.

年	矢	每	催	羲	暉	朗	曜
해 년	화살 시	매양 매	재촉할 최 독촉할 최	기운 희 햇빛 희	빛날 휘 햇빛 휘	밝을 랑	빛날 요 해 요

無一 번역

(년시매최) 세월의 화살은 매양 재촉하지만,
(희휘랑요) 햇빛은 밝게 빛나도다.

千字文 因緣日記

2017. 3. 1. 수요일 맑음

한국불교대학 모든 반의 공부 특강으로 천자문(千字文)을 가르치고 있다. 백구식장(白駒食場)의 본문에 따르는 예문에 백구과극(白駒過隙)이란 말이 나온다. 직역하면 '흰 망아지가 문틈을 지나가다'의 뜻을 지니는데, 깊은 의미는 인생이란 순식간에 흘러가는 덧없는 것임을 나타낸다.

인생! 참으로 그러하다. 그런데 요즘은 어찌나 바쁜지 무상(無常)을 느낄 틈도 없다. 오늘부터 3월에 들어섰고, 방 안에 들어앉아서도 첫날부터 신학기 수업을 준비하느라 눈코 뜰 새 없다.

세월의 화살은 매양 재촉하지만, 햇빛 같은 내 안의 또렷또렷한 자각은 밤이 되어도 환하다. 열반 4덕(四德)의 상락아정(常樂我淨)이 빈말이 아니다.

삶을 집중해서 살다보면 무상(無常), 고(苦), 무아(無我), 탁(濁)함은 개입할 여지가 없다. 이것이 곧, 정진의 영험이며 불보살의 가피이다.

璇	璣	懸	斡	晦	魄	環	照
구슬 선 돌 선	구슬 기	매달 현	돌 알	그믐 회 어둘 회	넋 백 어두울 백	고리 환 둥글 환	비칠 조 비출 조

無一 번역
(선기현알) 선기, 즉 혼천의(渾天儀)가 매달려 돌듯,
(회백환조) 달이 그믐에는 어둡다가 둥근 보름에는 비춘다.

千字文 因緣日記

2017. 3. 2. 목요일 맑음

우리절에서 운영하는 참좋은이서중 · 고등학교 입학식 날이다. 나는 이사장으로서, 교사들과 학생들을 상대로 나누어서 법문하였다.

교사들에게는 선생님으로서의 책임과 양심을 주문하면서 타성에 빠지지 말라고 하였다. 그리고 학생들의 학업 수준을 높이기 위해서 '과한 숙제 내기' 와 '숙제 검사' , '잦은 시험' , '끊임없는 상담' 을 요구하였다. 단, 한 학생도 가볍게 보아서는 안 된다는 말도 하였다.

전체 학생을 상대로 한 입학식 법문에서는 휴대폰을 사용하지 않기로 제안하고, 학생들의 동의를 얻어 그대로 실행하기로 하였다. 이와 같이, 학교 전체 수준을 높이기 위한 특단의 조치를 취할 수밖에 없었다.

특목고처럼 모두가 다 잘하는 학교를 만들어 갈 수 있는 여건을 우리 학교는 이미 갖추고 있다.
기본 머리는 그렇게 문제가 되지 않는다. 공부 성취는 집중력과 시간과의 싸움이다. '아인슈타인 같은 천재도 자기 지능의 3~4%만을 사용하였다' 고 말하면서 학생들을 설득하였더니, 휴대폰 없는 학교를 원하는 나의 뜻에 공감하였다.
교사들의 경험과 열정, 학생들의 목적 의식과 집중력이 우리 학교를 둥근 보름처럼 환하게 만들 것이다.

指	薪	修	祐	永	綏	吉	邵
손가락 지	섶 신 장작 신	닦을 수	복 우 도울 우	길 영	편안할 수 갓끈 수	길할 길 좋을 길	아름다울 소 높을 소

無一 번역

(지신수우) 손(가락)의 땔감처럼 복을 닦으면,
(영수길소) 길이 편안하고 상서로움이 높아지리라.

千字文 因緣日記

2017. 3. 3. 금요일 맑음

매년 금요일 오전반 학생들에게 미안한 점이 있다. 법당 사용 형편상 1년 뒤에는 반드시 다른 오전반과 합반하기 때문이다. 올해도 예외가 아니다. 그래서 오늘 공부시간과 임원진 회의 시간에 양해를 구하였다. 그러면서 주보에 나와 있는 합반 시간을 한 주 늦추어 학생 신도들이 한 명이라도 이탈하는 것을 막으려고 나 스스로 애쓴다.
하루 강의를 더 하는 것이 피곤한 일이지만 이 또한 복을 닦는 일이라고 생각한다. 나에게 있어서 복 닦는 일이란 고작 신도님들을 공부 가르치는 것인데, 이마저 소홀히 한다면 신도들에게 보살행을 말할 명분이 사라진다. 그리고 나 스스로도 살아 있음의 가치가 소용없어진다.

나는 강의하고 법문할 뿐 사실, 복 짓는다는 생각을 하지 않는다. 나에게 주어진 일은, 스스로 택했거나 맡겨지면, 최선을 다해서 사색하고 공부하여 그저 법 설함을 즐긴다. 그 외에는 아무것도 없다. 긍정적이고 적극적인 마인드 자체가 지금 편안하고 지금 상서로운 일이다.
누구나 복 지어야 한다. 복 짓는다는 생각조차 하지 않고 기회가 있을 때마다 복 짓는다면 참으로 잘 배운 불자(佛子)이리라.

矩	步	引	領	俯	仰	廊	廟
법 구	걸음 보	이끌 인 바르게할 인	거느릴 령 고개 령	구부릴 부 머리숙일 부	우러를 앙	행랑 랑 묘당 랑	사당 묘 묘당 묘

無一 (구보인령) 법도에 맞는 걸음, 바르게 세운 고개하며,
번역 (부앙랑묘) 머리 숙이고 우러름의 조정 생활이여!

千字文 因緣日記

2017. 3. 4. 토요일 맑음

2학년에 올라가는 큰절 제221기의 예비 법사들과의 1박2일 명상힐링캠프가 있었다. 명상힐링캠프가 생기고, 기수별 동참자 가운데 두 번째로 많은 숫자가 참여하였다. 인원이 28명이나 되니 유발수행상좌 수계하는 법당도 그득하고, 보이차 명상하는 종무소도 자리가 모자란다.

단위 기수지만, 시스템이 잘 갖추어져 있어서 일사분란하다. 자체 기자도 사진을 얼마나 찍어대는지 사명 의식이 특별하다는 인상을 받았다.

우리는 산행을 하다가 차갑고도 긴 겨울을 이겨내고 샛노랑 꽃망울을 터트린 생강나무 꽃을 보고 환희하였다. 올해 들어 처음 보는 생강나무 꽃이었다. 그래서 제221기의 회 이름을 생강나무회라고 하였다. 생강나무처럼, 스스로 강

건하고 주위 모든 이에게 혜택을 주는 기수가 되어주길 기대한다.
나는 한국불교대학 大관음사를 창건하고 늘 생각하는 것이, 불자는 법도에 맞는 행동으로 때로 머리 숙여 절하고, 자주 우러러 부처님께 예경함을 가장 기본으로 친다.

束	帶	矜	莊	徘	徊	瞻	眺
묶을 속 띠맬 속	띠 대 찰 대	자랑할 긍 삼가할 긍	씩씩할 장 단정할 장	어정거릴 배 노닐 배	머뭇거릴 회 노닐 회	볼 첨 우러러볼 첨	바라볼 조 볼 조

無一 번역
(속대긍장) 띠를 매고 삼가면서 단정하니,
(배회첨조) 배회하는 이들이 우러러 바라본다.

千字文 因緣日記

2017. 3. 5. 일요일 맑음

감포도량에 명물이 될 만한 나무가 들어섰다. 맹종죽(孟宗竹)이라는 왕대이다. 둘레가 60cm가 되는 아주 특별한 대나무이다. 어렵사리 나무를 구해 작업에 열중하고 있는 박태정 거사는 말한다.

"스님, 저는 다음 생에 태어나도 조경하는 사람이 될 것입니다. 이 일이 너무 좋습니다."

작달막한 키의 거사가 오늘따라 우러러 보인다. 나는 그가 중장비를 동원하여 세운 대나무를 어디까지고 올려다 본다. 큰 놈은 20m가 넘는다. 아파트 5~6층 높이라고 한다. 왕대는 키가 커도 지저분하지 않고 단정하다.

앞으로 왕대 시주자들에게는 띠를 두른 이름표를 하나씩 달아 주려고 한다.

가장 먼저, 나는 작명비 명목으로 종무소에서 건네준 용돈을 썼다. 다섯 그루, 백만 원이다. 한 그루는 우리 전체 신도님들을 위하여, 한 그루는 돌아가신 우리 부모님을 위하여, 나머지 세 그루는 수행을 핑계로 수년 동안 얼굴도 보지 못한 내 동생 세 명 몫으로 각각 보시하였다.
왕대처럼, 인연있는 이들의 운명이 하늘에 닿을 만큼 쭉쭉 뻗었으면 좋겠다.

孤	陋	寡	聞	愚	蒙	等	誚
외로울 고 고독할 고	더러울 루 볼품없을 루	적을 과 과부 과	들을 문 들릴 문	어리석을 우 어두울 우	어두울 몽 어릴 몽	무리 등 같을 등	꾸짖을 초 책망할 초

無一 번역

(고루과문) 고루하고 듣는 것이 적으면,

(우몽등초) 어리석고 어두워서 꾸짖음을 들을 만하다.

千字文 因緣日記

2017. 3. 6. 월요일 맑음

불통(不通)의 대명사인 박근혜 대통령이 더욱 궁지에 몰렸다. 남의 말을 지독히도 듣지 않고, 사드 설치를 강행하더니 중국과의 관계가 최악에 이르렀고, 위안부 합의를 제 고집대로 하더니 일본과의 관계가 아주 험해졌다.

오늘, 특검에서 최종적으로 내놓은 수사 결과 발표에는 거의 모든 혐의가 박 대통령에게 덧씌워졌다. 이재용 삼성전자 부회장의 뇌물죄 사건에는 최순실과 430억 원대 뇌물수수 공모자로, 삼성 합병과 문화계 블랙리스트엔 최종 지시자로 지목됐다.

그 외에도 여러 건이 박 대통령에게 책임이 있다고 특검은 적시했다. 그럼에도 불구하고 박근혜 대통령은 여야 국회가 합의한 특검 자체를 부정하는 또다른 불통(不通)을 보이고 있다. 참으로 어이가 없다.
오늘 특검으로부터, 대통령은 어리석고 어두운 젖값으로 크게 꾸짖음을 받은 셈이다. 더 큰 문제는 앞으로 며칠 안에 있다. 헌법재판소의 탄핵 심판이 결정날 텐데, 이마저도 듣지 않겠다는 말을 흘리고 있으니, 대통령까지 한 사람이 나라 걱정은 손톱만큼도 없어 보인다.
만나는 사람들은 다 말한다.
"탄핵은 인용될 것입니다. 풍전등화의 국가를 위해서도 그리 돼야 합니다."

謂	語	助	者	焉	哉	乎	也
이를 위 일컬을 위	말씀 어	도울 조	놈 자 것 자	어찌 언 어조사 언	어조사 재 비로소 재	어조사 호 온 호	잇기 야 어조사 야

無一 번역 (위어조자) 어조사라 일컫는 것은
(언재호야) 언 · 재 · 호 · 야이다.

千字文 因緣日記

2017. 3. 7. 화요일 맑음

금일 오전반 공부시간에 참으로 놀랄 만한 일을 발견하였다. 전체 인원 가운데 포교를 한 사람이 20%도 채 되지 않았다. 그리고 다음 주 입학식까지 한 명이라도 포교를 하겠다고 손을 든 사람 또한 30%를 넘지 못했다. 70~80%의 대부분 학생 신도들이 아예 포교에 마음을 두지 않고 있다.

'有心必成(유심필성), 마음에 있으면 반드시 이루어진다.' 고 강조를 하는 데도 숫제 마음을 내지 않으니 어떻게 해볼 재간이 없다.

한국불교는 지금 쇠락의 길을 걷고 있다. 지난 10년 동안 300만 명의 신도가 감소했다는 충격적인 보도가 있은 지 몇달 되지 않는다. 여기에는, 스님들에게 무한 책임이 있다고 지금껏 생각하였는데, 요즘 우리 한국불교대학 학생 신도들의 포교 무관심을 보니 신도들 책임 또한 크다고 말하지 않을 수 없다.

글을 씀에 있어서는 별 뜻이 없는 어조사가 그렇게 많이 등장하지 않는다. 그런데 우리 한국불교는 출, 재가를 막론하고 대부분 어조사로 남기를 원한다. 이대로 가다가는 신도가 더욱 줄어들 것이 명약관화(明若觀火) 하다. 하지만, 불교가 여기서 무너질 수는 없다.

요즘 연일 회의를 하고 있다.

救我從我(구아종아)라!

나를 좇아서 나를 구제하지 않으면 안 된다.

千字文日記

2017년 3월 25일 초판1쇄 인쇄
2017년 3월 30일 초판1쇄 발행

—

글 無一 우학 큰스님

—

펴낸곳
도서출판 좋은인연(한국불교대학 부속출판사)
편집 / 김현미 모상미 김규미
등록 / 제4-88호
주소 / 대구 남구 중앙대로 126
전화 / 053-475-3707~6
홈페이지 / http://book.tvbuddha.org

—

ISBN 978-89-93040-77-7

—

한국불교대학 홈페이지 / **한국불교대학**
한국불교대학 다음카페 / **불교인드라망**

無一 우학

불보사찰 통도사 출가
성파 대종사를 은사로 득도(得度)
대학, 선방, 강원, 토굴 등 제방에서 면학, 수행
성우 대종사로부터 비니정맥 전수
출가상좌(스님) 60여명, 마을(유발)상좌 3천여 명 둠.

한국불교대학 大관음사 창건
국내외 십여 군데 도량 설립(미국, 중국 등)
무일선원 무문관 창건(스님 및 신도 수행처)

200여 권의 저술
저거는 맨날 고기 묵고, 새로운 불교공부, 완벽한 참선법, 금강경 핵심강의, 참좋은 생각(컬처북스), 하루 한가지 마음공부법(조화로운삶), 부처되는 공부(뜰), 무문관강론, 지혜로운 삶(전2권, 신심명강설), 아~부처님, 천일 무문관 수행일기(1차, 전7권) 등

사회복지 법인 無一복지재단 설립
(요양원, 노인센터, 지역아동센터, 공동생활가정, 기억학교, 치매 주간보호센터)
참좋은 어린이집, 참좋은 유치원 설립
도서출판 좋은인연 설립
학교법인 無一학원 설립(참좋은 이서중·고등학교)
사단법인 NGO B.U.D 설립
의료법인 無一의료재단 설립(참좋은 요양병원)
세계명상센터 설립